AF475633

LECOQ DE BOISBAUDRAN

L'Éducation de la Mémoire Pittoresque

FORMATION
DE L'ARTISTE

L'ÉDUCATION

DE LA

MÉMOIRE PITTORESQUE

ET LA

FORMATION DE L'ARTISTE

à sa direction qu'ils doivent de s'être de si bonne heure découverts eux-mêmes. Lecoq, comme le fait observer M. Lhermitte, par son sûr instinct psychologique, par son doigté, amenait l'élève à découvrir en lui-même des facultés qu'il ne soupçonnait même pas. Pour permettre à la personnalité de se développer il suffisait, d'après Lecoq, de lui fournir les moyens, en cultivant avec méthode toutes ses diverses facultés, et de la stimuler en s'ingéniant à lui offrir des expériences artistiques infiniment variées. Il s'ensuit, au contraire des opinions reçues, qu'il ne faut jamais permettre à l'élève d'imiter la manière de voir ou de faire, soit de ses professeurs, soit de ses camarades, car c'est l'acquisition d'habitudes de l'œil et de la main empruntées en général à autrui, qui entrave le développement de l'observation et de l'expression personnelles. Dans la pratique il s'agit donc d'observer le principe élémentaire de toute éducation, de développer les facultés par une suite d'exercices simples, arrangés dans un ordre tel que chaque difficulté vaincue soit comme une marche qui mène à la suivante. Il faut que dans tous les exercices chaque difficulté soit si apparente que l'élève sache exactement ce qu'il doit vaincre. Il verra donc par lui-même dans quelle mesure il réussit, et s'habituera ainsi à ne rechercher que sa propre satisfaction, à progresser toujours par ses propres expériences et ses découvertes personnelles. Car en art comme en mathématique tout vrai progrès consiste à redécouvrir pour soi-même les principes qui vous sont enseignés.

Malgré l'évidente largeur de Lecoq, et ses efforts pour étendre par tous les moyens possibles l'éducation artistique, malgré sa déclaration que l'art est une interprétation personnelle de la nature, et que l'imitation fidèle n'est qu'une gymnastique pour développer les facultés de l'artiste et lui donner la maîtrise de ses outils, on lui reproche souvent sa féroce exigence d'exactitude.

Parler ainsi c'est oublier qu'en tout art on ne se perfectionne que par les gammes et les exercices ; c'est-à-dire par un effort conscient, de sang-froid, qui a pour but de préparer les facultés et de les mettre en état de répondre à l'appel qui leur sera fait aux moments d'inspiration. Delacroix, outre sa peinture de création, faisait tous les jours des exercices pour l'œil et pour la main.

Aujourd'hui nous sommes loin des époques d'apprentissage artistique et l'exemple des artistes vraiment originaux de nos jours sert souvent plutôt à embrouiller qu'à élucider la question. Car leurs facultés originales se développent si sûrement, même sans entraînement apparent, que nous sommes amenés à mépriser l'effet d'une discipline élémentaire et à ne pas considérer combien le développement d'un talent original a pu être entravé ou déformé. D'ailleurs sauf quelques rares exceptions, les artistes sont peu disposés à étudier les systèmes d'éducation et présentent comme des principes généraux d'enseignement et d'exécution les procédés particuliers qui conviennent spécialement à leurs tempéraments et à leurs buts.

N'est-il donc pas possible d'établir les vrais principes d'un enseignement élémentaire, libéral et sans lacunes ? Le lecteur jugera lui-même dans quelle mesure Lecoq les a indiqués complètement ; mais si les exercices élémentaires lui paraissent à dédaigner, qu'il réfléchisse que fondés sur la tradition ils ont été mis en pratique et ont fait leurs preuves. Cazin, invité par Gustave Geoffroy à exposer ses idées sur l'Enseignement du dessin, refusa de donner une réponse précise, « les principes vraiment élémentaires devant paraître inefficaces dans leur presque ingénuité, s'ils étaient écrits ». Lecoq plus audacieux les a écrits, mais toujours sous cette réserve que le professeur qui les applique est seul la méthode vivante.

Les trois brochures réunies dans le présent volume furent écrites à différentes époques. « L'éducation de la mémoire pittoresque » fut éditée d'abord en 1847, puis rééditée en 1862 ; « Un coup d'œil sur l'enseignement des Beaux-Arts » en 1872 et 1879 ; et « Lettres à un jeune professeur — Sommaire d'une méthode pour l'enseignement du dessin et de la peinture » en 1877. Elles ne se suivent pas comme les chapitres d'un même ouvrage, mais se relient entre elles par l'unité de but et de principe. Elles se servent réciproquement d'explications, de développements, de corollaires, et complètent, réunies, l'exposé des doctrines de l'auteur. La brochure intitulée « Coup d'œil sur l'enseignement des Beaux-Arts », quoique parue à l'origine comme critique du jour, est rééditée textuellement, car elle traite toujours des principes généraux.

Nous devons les dessins qui figurent à la fin du volume à l'obligeance de M. le Dr Pierre Rondeau, neveu de Lecoq de Boisbaudran. Il avait dans sa collection des cartons pleins des dessins des anciens élèves de son oncle, que grâce à sa générosité on peut voir maintenant à l'Ecole des Arts Décoratifs.

Qu'il me permette de lui exprimer ma vive reconnaissance pour la générosité avec laquelle il a mis à ma disposition tous les écrits et dessins.

Un remerciement aussi à MM^mes Cazin et Fantin-Latour, et à MM. Rodin, Lhermitte, Bellenger, Ottin et Frédéric Régamey, qui m'ont fourni avec tant de bonne grâce tous les renseignements que je leur ai demandés sur leur maître et son enseignement.

L'édition de ce volume préparée pour la fin de 1914 fut remise à cause de la guerre. Pendant cette période plusieurs de ceux à qui mes remerciements sont dus, nous ont été malheureusement enlevés par la mort.

NOTICE SUR LA VIE DE L'AUTEUR

Horace Lecoq de Boisbaudran, issu d'une vieille famille du Poitou, naquit à Paris en 1802 ; il y est mort, âgé de quatre-vingt-quinze ans, le 7 août 1897.

Admis à l'École des Beaux-Arts en 1819, il fut élève de Peyron et de Guillon Le Thière. Il exposa au Salon de 1831 à 1844 ; à partir de cette date il cessa de produire pour enseigner. Sa première manière froide et un peu dure, dénotait une très mauvaise éducation. On pourrait croire qu'il en était conscient lui-même, ce qui devait le stimuler à chercher de vrais principes pour éduquer les autres. Il est difficile de conjecturer ce qu'il aurait pu produire s'il ne se fût pas consacré tout entier à l'enseignement, car ses dernières études ont une liberté et une modernité qui contrastent avec les œuvres de sa jeunesse, et tels étaient son enthousiasme et sa curiosité artistique, qu'il continua à travailler jusqu'à la fin, même quand il fut trop souffrant pour sortir de son lit.

A mon avis, il pensait à la mauvaise éducation qui avait altéré son talent, quand il écrit que « quelques artistes parviennent à force de volonté et d'énergie à sortir de la fausse voie où ils se trouvent engagés, et à se créer une manière personnelle; mais que cette originalité qu'on s'est faite ne peut jamais avoir toute la vérité, toute la franchise, qui appartiennent au talent de celui qui n'a jamais perdu sa virginité artistique ». Que ce soit cette conviction ou l'appel de son génie pour l'enseignement qui l'ait déterminé à devenir professeur peu importe, mais assurément nous aurions perdu au change, s'il avait produit au lieu d'enseigner. « Le *maître* de l'art enseigne par ses œuvres, le *professeur* par la parole et la méthode. » Nul plus que lui n'a laissé un corps de doctrine aussi précis, aussi complet.

Il débuta en 1841 comme professeur-adjoint à l'École Royale et spéciale de dessin à Paris[1] ; il y fut nommé professeur titulaire en 1844. Il devint de plus, en 1847, professeur de dessin à la succursale de la Légion d'honneur, rue Barbette, où il commença d'appliquer sa méthode de l'éducation de la mémoire pittoresque. En 1851 il en présenta les résultats à l'Académie des Beaux-Arts, et en 1856 à la Société d'Encouragement pour l'industrie nationale ; elles lui donnèrent leur approbation. Parmi ceux qui l'encouragèrent, Viollet-le-Duc demanda que sa méthode fût mise à l'essai dans toutes les Académies. Il reçut la Légion d'honneur en 1865.

Mais malgré l'encouragement et l'approbation d'hommes tels que Delacroix et Viollet-le-Duc, malgré les résultats constatés par les épreuves faites à l'École des Beaux-Arts et ailleurs, il dut attendre jusqu'en 1863 la permission d'ouvrir à l'École des Arts décoratifs un atelier pour le dessin de mémoire, destiné aux élèves qui *consentiraient* à s'inscrire. En 1866 il devint directeur ; et sur l'invitation du comte de Nieuwerkerke, surintendant des Beaux-Arts, il fit quelques propositions de réforme à l'École. Entre autres il proposa de la faire servir

1. Actuellement Ecole des Arts décoratifs.

comme École normale pour l'entraînement des jeunes professeurs.

A ce moment où il allait pouvoir, dans des conditions particulièrement favorables, faire l'application intégrale de sa méthode, les professeurs d'alors, adversaires déclarés de ses idées, redoublèrent de haine et organisèrent une opposition implacable; « la négligence, le mauvais vouloir systématique dans le service, les calomnies, les lettres anonymes, tout fut employé. » Dans une réunion des professeurs de l'École sous la présidence du surintendant des Beaux-Arts, convoquée, disait-on, pour discuter quelques nouveaux règlements, « chacun, ainsi qu'il avait été convenu dans les conciliabules préparatoires, formula son attaque contre l'affreux dessin de mémoire ». Le président, quoiqu'il se déclarât « toujours grand partisan de l'enseignement de M. de Boisbaudran », plia devant le nombre et décida que : « Le Directeur n'enseignerait plus, et resterait chargé seulement de l'administration » ! Lecoq, qui comprenait bien que sa destitution n'était qu'ajournée, aurait donné immédiatement sa démission, mais la fin de l'année scolaire approchait avec son exposition habituelle des travaux des élèves, par hasard exceptionnellement brillants. Il voulait « attendre cette dernière démonstration de son enseignement, pour se retirer alors au milieu d'un succès éclatant, mais la coalition prévit le danger et brusqua les choses. Peu de jours avant l'exposition, M. de Boisbaudran reçut une lettre administrative qui lui annonçait, sans explication et sans commentaire, qu'on lui avait nommé un successeur ».

Il continua à professer encore une année au Lycée Louis-le-Grand et à l'École d'Architecture fondée par Trélat, puis se retira tout à fait.

Il faut se rappeler que ce sont seulement ceux qui ont accepté l'invitation de venir travailler chez lui, qui peuvent être vraiment considérés comme ses élèves ; et de ceux-là la plupart avaient à gagner leur vie trop jeunes pour pouvoir compléter leur éducation artistique. « Si le maître était plein de mérite, dit Fantin-Latour, et les élèves étaient recrutés de manière à former un milieu singulièrement intelligent, le petit cénacle était matériellement dénué d'aucun luxe. Le local n° 39 du quai des Grands-Augustins (plus tard l'atelier fut transporté rue Hautefeuille, et disparut quand on perça le boulevard Saint-Germain) se composait, avec quelques débarras, d'une belle chambre large et haute, prenant jour au nord sur le quai par deux fenêtres. La cotisation pour les frais de toute nature n'était que de dix francs par mois, et l'on ne fut jamais que dix à douze au plus ; aussi éprouvait-on toutes les peines du monde à avoir des modèles. On recrutait pour poser, qui on pouvait et tout le monde s'en mêlait. »

Lecoq comptait sur Cazin pour continuer son enseignement. Celui-ci avait les dons nécessaires, et le tempérament, ayant le goût de la dissertation. Cazin cependant, occupé de son œuvre personnelle, mit le professorat de côté, en sorte qu'il n'y eut pas de vrai successeur dans la tradition.

Lecoq était de très grande taille, et « dans l'âge mûr, avait le masque de Paul Veronèse, celui de l'homme jouant de la viole dans les « Noces de Cana ».

Bon musicien, jouant du piano et du violon, doué d'une belle voix d'opéra, il comprenait que tous les arts ont semblable but, et déclarait qu'une certaine culture est nécessaire à l'artiste.

« Ce fut un doux philosophe, écrit un des plus intimes de ses élèves, épris avant tout de logique et de conciliante équité, ainsi qu'en témoignent les dernières pages qu'il écrivit, réunies sous ce titre : *Quelques idées et propositions philosophiques.* En tête des courts chapitres de cet ouvrage on lit : « Culture de la moralité. — La raison et la conscience morale. — L'instinct et l'idéal. — La vérité. — Les probabilités consolantes. — Le sentiment religieux. — Le peut-être », etc.

« Gardons intacte la raison, notre guide essentiel, le précieux instrument de nos projets passés et futurs, dit-il, et, en même temps, comprenons tout ce qu'il peut y avoir d'espérances et de consolations dans ce mot, dans cette idée : Peut-être. »

« Ainsi pénétré d'idées générales, l'enseignement d'un tel maître dépassait les limites de la spécialité.

« Rebelle au sophisme qui fait de l'artiste — peintre, musicien, poète — un être à part dans la société, il niait que l'éclat de ses œuvres pût servir de rançon à son indignité ; il se refusait à voir en lui une manière de phénomène irresponsable, dégagé de tous devoirs envers les autres hommes, et pouvant tout se permettre.

« Son goût raffiné ne trouvait aucun charme au commerce des monstres, non plus qu'aux produits de leur génie, et c'est sur le rayonnement des vérités morales qu'il voulait qu'on se reposât pour la parfaite éclosion des beautés de l'art, objet de son culte.

« Lecoq de Boisbaudran, en prenant possession de l'esprit de ses élèves, sut aussi gagner leur cœur. Il leur donna une dernière preuve de sa sollicitude en inscrivant les noms de plusieurs d'entre eux sur son testament pour des sommes dont le total atteignait presque cent mille francs.

« Cette touchante libéralité, qui combla de surprise ceux qui en furent l'objet, achève de caractériser cet homme de bien[1] »

1. *H. Lecoq de Boisbaudran et ses élèves*, par Félix Régamey. Honoré Champion, Paris, 1903. Je dois à cette brochure beaucoup de détails.

ÉDUCATION[1]
DE LA MÉMOIRE PITTORESQUE

AVERTISSEMENT DE L'ÉDITION DE 1862.

Bien qu'il se soit écoulé quinze années depuis la première édition de ce travail, j'ai cru devoir n'y apporter aucun changement essentiel, le temps et une pratique constante n'ayant fait que confirmer les principes que j'ai posés dès l'abord et corroborer mes premières expériences.

J'aurais pu, peut-être, modifier quelques expressions qui présentent, aujourd'hui, comme nouvelle, une idée que j'ai déjà produite en 1847. Mais occupé exclusivement, depuis lors, d'enseignement pratique, je n'ai fait aucun autre appel à l'attention du public. Mes travaux ne sont donc connus que des personnes qui m'ont vu, pour ainsi dire, opérer sous leurs yeux, et ma méthode reste pour le plus grand nombre entièrement nouvelle.

Mon but, en publiant cette seconde édition, est de remplir l'engagement que j'ai pris, dès le principe, de faire connaître les développements successifs de l'idée première, et de justifier le titre que j'ai choisi en cherchant à compléter *l'Education de la Mémoire pittoresque*.

Je joins à mon premier écrit, qui traite particulièrement de la mémoire des formes, une notice sur la mémoire des couleurs,

1. Les notes supplémentaires de cette édition sont marquées d'un L pour les distinguer des notes originales de l'auteur.

puis un troisième article résumant les deux premiers, et dans lequel je propose une série d'applications destinées à mettre en pratique tous les principes précédemment formulés, et à les combiner dans un enseignement supérieur.

Je ne viens pas demander, pour ces idées avancées, une réalisation hâtive et prématurée ; je me borne à les exposer sans aborder la question de temps et d'opportunité.

J'ai réuni sous le titre d'*Appendice* quelques notes qui m'ont semblé nécessaires pour remplir certaines lacunes, répondre à quelques objections, et donner diverses explications complémentaires.

Une de ces notes est consacrée au récit succinct des épreuves auxquelles ma méthode a été soumise en présence de la section des Beaux-Arts, de l'Institut et devant la Société d'encouragement pour l'industrie nationale. Cette note contient de plus un rapport de l'Académie des Beaux-Arts au ministre de l'Intérieur.

J'ai joint à ces témoignages officiels deux lettres, dans lesquelles deux artistes illustres expriment leur opinion sur ma méthode. Une de ces lettres est de M. Léon Cogniet, l'autre est signée de M. Horace Vernet.

En citant ici les hommes éminents dans la science et dans l'art qui ont bien voulu encourager mes travaux à l'époque toujours si difficile des commencements, j'ai désiré, à la fois, m'appuyer de leurs suffrages et leur offrir un hommage de reconnaissance ! J'ai voulu, aussi, payer un tribut de respectueux souvenir à plusieurs d'entre eux qui ne sont plus aujourd'hui.

MÉMOIRE SPÉCIALE DES FORMES

Parmi les facultés intellectuelles mises en jeu par l'étude et la pratique des arts du dessin, la mémoire tient une place des plus importantes. Cependant cette faculté précieuse n'a été jusqu'ici l'objet d'aucune culture spéciale et méthodique ; aussi ne se développe-t-elle que fort peu et empiriquement. C'est cette lacune très regrettable dans l'enseignement que je cherche à combler au moyen d'une méthode ayant pour but le développement de la mémoire pittoresque.

En proposant une idée nouvelle, je sens la nécessité de rassurer avant tout contre la crainte d'ailleurs très naturelle qu'inspirent souvent les nouveautés. Je me hâte donc de déclarer que la nouvelle étude que je propose ne prétend, en aucune façon, se substituer aux études habituelles; loin de là, elle ne saurait s'en passer et produire à elle seule ses meilleurs résultats. Il ne s'agit donc ni d'un changement ni d'une perturbation, mais d'un complément et d'une annexe. Il importe aussi de bien établir que le sens que j'attache au mot *mémoire* est celui d'*observation conservée*, et que ma méthode, loin de tendre à l'absorption de l'intelligence par la mémoire, se propose au contraire le perfectionnement simultané de toutes deux.

Après ces explications et les réserves qu'elles impliquent, je m'appuierai sur l'exemple de ce qui se pratique dans les études scientifiques et littéraires. Nous voyons généralement la mémoire des mots et des idées cultivée avec le soin que réclame sa haute importance. Pourquoi donc, et en évitant toute exagération, n'apporterait-on pas la même sollicitude au développement de la mémoire des aspects, d'une importance si considérable dans l'art de les reproduire ?

Dans l'enseignement littéraire et scientifique, on cultive la mémoire au moyen de leçons apprises par cœur. A son début le plus élémentaire, l'enfant commence par apprendre une ligne, puis une phrase, puis des leçons de plus en plus compliquées. Et de même, c'est à l'aide d'une série graduée de formes qu'il faut développer la mémoire des formes.

Procédant du simple au composé, le commençant doit donc apprendre par cœur et reproduire de mémoire les formes les plus simples, des lignes droites même pour s'exercer seulement d'abord au souvenir des grandeurs; puis viennent des formes de difficultés graduées et les exercices se compliquant de plus en plus, on doit joindre à la forme l'effet et le modelé et aborder enfin le relief et les objets naturels. En même temps, et dans une progression inverse, on doit diminuer de plus en plus le temps pendant lequel le modèle est laissé à l'élève, afin qu'il puisse s'en bien pénétrer.

Comme l'écolier du collège doit, pour apprendre sa leçon, la répéter un certain nombre de fois à haute voix ou mentalement, de même l'élève dessinateur devra retracer son modèle par la main ou par la pensée, le nombre de fois nécessaire pour pouvoir le reproduire de mémoire lorsqu'il lui sera retiré.

Je pourrais, en continuant l'examen de ce qui se passe dans l'éducation ordinaire, relativement à la mémoire, trouver plus d'un principe utile, plus d'un exemple à imiter. Je pourrais m'appuyer sur ce fait bien constaté que les personnes dont la mémoire a été cultivée de bonne heure se rappellent facilement et longtemps les choses qu'elles ont vues ou apprises, tandis que celles dont la mémoire a été négligée à la même époque ne se rappellent qu'avec peine un petit nombre de faits et laissent échapper tout le reste. Je pourrais enfin trouver de grands motifs d'espérance dans ces prodiges de mémoire réalisés par tant de savants, d'avocats, de comédiens, de prédicateurs, chez qui l'exercice a si puissamment secondé la nature.

Personne ne contestera sans doute les avantages, la nécessité même de la mémoire pittoresque dans les arts du dessin [1]. Sans

1. L'utilité de la mémoire pittoresque dans les arts est très reconnue. J'espère donc que ma méthode pourra être accueillie des artistes comme répondant à un desiratum général. Plusieurs maîtres ont conseillé à leurs élèves quelques emplois partiels de la mémoire, comme, par exemple, de faire de souvenir le croquis du modèle vivant après la semaine d'étude, ou bien d'indiquer de mémoire la construction anatomique; mais il restait à concevoir d'une manière générale et à systématiser l'idée d'une méthode pour le développement de la mémoire des aspects, méthode qui, prenant la mémoire a l'âge le plus favorable, lui fasse subir une série graduée d'exercices, sorte de gymnastique qui fortifie et déve-

elle, en effet, une grande partie du domaine de l'imitation devient inaccessible; sans elle, il est à peu près impossible de reproduire les animaux, les nuages, les eaux, les mouvements rapides, les expressions, la couleur et les effets fugitifs. Combien d'artistes trouvent là un obstacle infranchissable ! car, grâce à l'absence de tout enseignement méthodique de la mémoire, ils ne peuvent guère avoir que celle dont la nature les a doués. Mais aussi le petit nombre de ceux qui ont reçu d'elle ce don magnifique sont investis par cela seul d'une immense supériorité. Le nom populaire de M. Horace Vernet[1] se présente ici naturellement pour rappeler ce que la mémoire peut ajouter de puissance au talent. Mais à part les organisations exceptionnelles douées d'aptitudes naturelles et spontanées, il en est un grand nombre qui n'attendent que le travail et des soins éclairés pour réaliser des résultats non moins remarquables, et ce n'est pas seulement pour briller dans les hautes régions de l'art que la faculté de souvenir est nécessaire, elle l'est encore dans la pratique la plus ordinaire. Il suffit, pour s'en convaincre, d'examiner et d'analyser cette opération complexe que l'on appelle dessiner : l'œil regarde l'objet, *la mémoire en conserve l'image*, et la main la reproduit. Lors donc que les exercices que je propose n'auraient d'autre résultat que d'aider la mémoire dans cette fonction élémentaire, ils auraient une utilité réelle pour les artistes de tout ordre, comme pour tout élève dessinateur. C'est en vue de cette utilité générale que je me suis livré au travail dont je présente aujourd'hui un aperçu abrégé.

Professeur à l'École impériale de dessin[2], dont les cours sont suivis par plusieurs centaines d'élèves de tout âge et de tout

loppe cet organe précieux et trop négligé, et le rende ainsi propre à tous les emplois, dont plusieurs artistes comprennent déjà si bien les avantages.

1. Comme l'œuvre de Vernet ne nous intéresse plus, on pourrait mieux citer Daumier, Millet, Turner, Okousai L.

2. Aujourd'hui l'Ecole des Arts décoratifs, 5, rue de l'Ecole-de-Médecine.

degré d'avancement, ma position semblait des plus favorables pour me livrer aux observations sur lesquelles devait s'appuyer un enseignement qu'aucun précédent ne venait guider.

J'ai pu, sur un aussi grand nombre de sujets, recueillir de précieuses données générales et d'abondantes remarques de détail, apprendre à reconnaître les premiers indices et les différents titres de mémoire naturelle, déterminer une gradation logique de difficultés dans les exercices à lui faire subir et les conditions d'âge convenables pour les commencements.

Mais, après avoir amené l'idée primitive à l'état de théorie arrêtée, il me fallait, comme complément indispensable, la confirmation de l'expérience.

Ici encore j'étais servi par des circonstances avantageuses : j'avais à ma disposition des élèves pleins de bonne volonté et de confiance, un local convenable, et l'essai que je voulais tenter se trouvait entouré des garanties de véracité et de notoriété qu'offre seul, au même degré, un établissement public.

En vertu du règlement d'organisation de l'École, donné en 1843 par M. le ministre de l'Intérieur, les professeurs se réunissent en un conseil, dit comité d'enseignement, sous la présidence du directeur, pour délibérer et statuer sur tout ce qui concerne les études. Usant donc de cette voie d'initiative, dans la séance tenue par le comité d'enseignement le 1er février 1847, je présentai mes idées et mes plans à l'examen et à l'approbation de mes collègues et de notre honorable directeur, en demandant à commencer l'expérience. La proposition fut accueillie à l'unanimité ; je reçus toutes les autorisations nécessaires, et, afin qu'il fût pris acte de l'idée, les diverses circonstances de la séance furent consignées au procès-verbal.

Il me reste maintenant à donner quelques détails sur la première partie de cette épreuve. Cette sorte de mise en action de la méthode me semble le moyen le plus sûr et le plus simple de la faire comprendre.

Ma première intention était d'opérer à la fois sur deux divisions composées l'une d'enfants de neuf à douze ans, l'autre de jeunes gens de douze à quinze ans. Avec la division la plus jeune, je serais parti du point le plus élémentaire, commençant les exercices sur des lignes droites dont il aurait fallu retenir les différentes grandeurs ; seraient venus ensuite des angles de diverses ouvertures, puis quelques courbes variées présentées dans un ordre de gradations, mais en me gardant avec soin de trop m'appesantir sur des formes abstraites qui, n'exprimant aucun objet connu, seraient trop dépourvues d'attrait et deviendraient même très difficiles en se compliquant.

Quelques motifs purement temporaires m'ayant décidé à remettre cet essai à l'année suivante, je me bornai pour celle-ci à la catégorie comprise entre douze et quinze ans. Ces conditions d'âge se trouvaient remplies par les élèves, au nombre de dix, composant une classe dite de la *bosse élémentaire,* dont la création datait de l'année précédente. Ces jeunes gens, réunis déjà dans un autre but, n'avaient point été éprouvés spécialement sous le rapport de la mémoire naturelle et devaient en être pourvus chacun dans des proportions fort diverses, et, circonstance également convenable pour l'épreuve, ils se trouvaient, sous le rapport de l'habileté manuelle, tenir un degré moyen dans l'école.

D'après mon opinion bien arrêtée, et déjà exprimée, que les exercices mnémoniques doivent s'ajouter aux autres études et non les remplacer, des mesures furent prises pour que personne ne fût distrait en rien des études ordinaires.

Je tenais surtout à obtenir une adhésion libre et spontanée, comptant sur les bons mouvements et les bons effets résultant d'un semblable point de départ.

Ce fut donc non à l'autorité; mais à la persuasion que j'en appelai ; et, sans dissimuler en rien la peine qu'il s'agissait de prendre, je fis connaître la nature, le but et les avantages de la nouvelle étude, laissant à chacun liberté tout entière de la juger, de s'y livrer ou de s'en abstenir. L'assentiment fut unanime et du meilleur augure ; tous adoptèrent l'idée avec une véritable foi dans son avenir au point de vue général et particulier, chacun exprimant tout ce qu'il pensait en retirer de services dans la profession à laquelle il se destinait.

Le sujet de la première leçon fut le détail de figure le plus simple, un nez de profil, et quelques jours furent donnés pour l'apprendre. Après avoir fait remarquer les particularités de la forme propres à la fixer dans la mémoire et avoir expliqué la construction anatomique nasale, j'engageai chacun à apprendre cette leçon d'un nouveau genre comme il avait pu faire autrefois de ses fables ou de sa grammaire, soit qu'il répétât souvent chaque phrase, soit surtout qu'il en pénétrât bien le sens. Chacun enfin dut, par la répétition et par la réflexion, étudier et retenir avec la plus grande exactitude son modèle, grandeur, forme et teinte. Mais je m'abstins de prescrire une marche trop uniforme, afin de laisser un champ plus libre à la spontanéité et aux procédés individuels.

Au jour convenu, chacun me remit le modèle qui lui avait été donné et se mit à le dessiner sans autre guide que le souvenir. Ce premier essai donna déjà des résultats de nature à encourager le maître et les élèves.

Le premier modèle fut remplacé par un autre d'un degré plus difficile, et passant ainsi par une suite de gradations calculées, il fut possible au bout de trois mois d'aborder de petites têtes dont la ressemblance, ainsi que les détails de coiffure et d'ajustement, furent rendus d'une manière vraiment satisfaisante.

J'eus à m'applaudir du soin que j'avais mis à échelonner les difficultés en formant le répertoire de modèles. Cependant je n'hésitai pas à changer plusieurs fois l'ordre que j'avais établi, entraîné par des progrès qui dépassaient mes prévisions et persuadé d'ailleurs que toute méthode, loin d'être inflexible, doit se modifier suivant les circonstances de la pratique.

Je fus confirmé dans cette remarque que la bizarrerie et la charge sont de tous les caractères les plus faciles à retenir. Je restai persuadé aussi que la figure humaine est comparativement plus facile à la mémoire que tous les autres objets : fleurs, ornements, animaux, etc. Il semble qu'il existe entre l'homme et son image une sympathie qui l'intéresse, des affinités qui le saisissent. Pour une personne même non exercée, une tête humaine se particularise au premier aspect, tandis que des têtes d'animaux d'une même espèce lui semblent toutes avoir la même physionomie.

J'avais assisté scrupuleusement à tous les exercices pendant toute leur durée, afin d'en assurer l'ordre et la loyauté. Chaque jour, tous les papiers étaient examinés pour qu'il fût bien certain qu'aucune indication n'y avait été tracée. Les modèles étaient placés soigneusement hors de la portée du regard, et une distance nécessaire était maintenue entre les travailleurs, afin qu'ils ne pussent se faire aucun emprunt mutuel.

C'était chose curieuse et digne d'intérêt de voir ces jeunes figures, naturellement si riantes, prendre l'expression méditative de quelque sage solitaire, ces jeunes fronts se plisser sous l'effort d'une contention intellectuelle que n'avait jamais provoquée au même degré aucun autre de leurs travaux, ni aucune exhortation à la réflexion sérieuse. Mais les traits se détendaient bientôt, et, le visage rayonnant, on venait m'apporter le dessin achevé avec un désir empressé de le comparer au modèle.

Si les élèves, pendant toute la durée de ce cours, ont constamment fait preuve d'intelligence, de volonté sérieuse et d'entrain; s'ils ont réalisé enfin des progrès remarquables, le professeur doit reconnaître aussi qu'il a trouvé lui-même beaucoup à apprendre de la part de ceux même qu'il enseignait; par leurs travaux, par leurs réflexions, bien des doutes ont été éclaircis et des prévisions confirmées.

Je m'étais promis d'interroger les élèves, dans le moment même de leurs exercices, sur leur mode de procéder, et de les provoquer ainsi à expliquer eux-mêmes le travail intérieur auquel ils se livraient. Je leur adressai en effet et en différents temps plusieurs questions dont je reproduis quelques-unes, ainsi que les réponses qui y furent faites.

Demande : Lorsque après avoir étudié votre modèle il vous est retiré et que vous cherchez à le dessiner de mémoire, quel moyen employez-vous, quel est votre guide alors ? — *Réponse :* Je cherche à me figurer mon modèle, mais je ne le vois que confusément. — *Autre réponse :* Je vois mon modèle dans ma tête. — *Autre réponse :* Je le vois mieux en fermant les yeux.

Demande : Comment faites-vous lorsque ce modèle ou plutôt son image est trop confuse ou disparaît ? — *Réponse :* Je fais effort et elle devient plus visible, quelquefois elle m'échappe tout à fait, mais avec de la peine je parviens à la faire revenir. — *Autre réponse :* L'image me paraît confuse dans son ensemble, mais si j'applique toute mon attention seulement à un détail, cette partie devient assez distincte pour que je la puisse dessiner, alors ce premier détail m'aide à me rappeler un autre, et de proche en proche j'arrive à l'ensemble du dessin.

Demande : Voici quatre mois que vous vous exercez, éprouvez-vous toujours autant de peine ? — *Réponse :* Non, l'image est d'abord beaucoup plus distincte que dans les premiers temps, et, si elle s'en va, je la fais revenir presqu'à volonté. (Cette réponse a été confirmée par toutes les autres.)

Il semblerait donc que l'image des objets est transmise par l'œil au cerveau qui en reçoit l'empreinte et la conserve, et il serait constaté qu'un exercice méthodique de ces organes peut perfectionner leur aptitude pour ces fonctions

Demande : Rendez-moi compte des moyens que vous employez pour bien vous rappeler votre modèle, pour vous le mettre dans la tête? — *Réponse :* Je le dessine plusieurs fois, très souvent. — *Autre réponse :* Je fais des remarques sur les grandeurs, les formes et les teintes. — J'attendais cette dernière réponse de beaucoup plus satisfaisante et dénotant une intelligence bien supérieure. Ainsi l'obligation de se rappeler force l'esprit à juger, à comparer, à faire des remarques, c'est-à-dire, chose d'une portée considérable, que les exercices de mémoire rendent attentif et observateur.

On reconnaîtra ces avantages sans doute, mais toute idée nouvelle doit soulever quelques objections, ne fussent-elles qu'un moyen d'approfondir et de mieux connaître. Je dois donc chercher à les prévoir et à y répondre d'avance.

Dira-t-on, par exemple, qu'en habituant à dessiner par cœur on court le risque de faire perdre une qualité précieuse, la naïveté, et que l'artiste ainsi formé apporterait devant son modèle des souvenirs étrangers qui nuiraient à la fidélité de ses imitations? Mais cet inconvénient ne pourrait être à craindre que si l'on abandonnait pour le dessin de mémoire le dessin habituel, ce que j'ai eu soin de réprouver hautement. L'étude ordinaire du modèle présent continue donc à maintenir l'imitation vraie et sévère; et il y a plus encore, l'exercice mnémonique lui-même offre une occasion nouvelle d'appliquer le principe de l'exactitude, si l'on ne demande pas seulement que la mémoire fournisse un à peu près du modèle, mais bien une ressemblance complète. Et je saisis cette occasion d'insister sur ce point essentiel que, dans l'intérêt même du développement de la mémoire, c'est cette ressemblance même, exacte, naïve, qu'il faut obtenir du commençant; c'est le seul moyen de former la justesse, la naïveté de la mémoire. Ce n'est que plus tard, quand on a acquis les facultés de rectitude et de précision, que l'on peut aborder un autre procédé de reproduction, celui des interprétations, des équivalents, des abstractions, et exprimer enfin moins la chose que son esprit. Mais ce mode, applicable surtout aux objets animés et mobiles, doit être d'un usage volontaire, et non résulter de l'impuissance d'être fidèle ; ce doit être enfin une faculté de plus.

On objectera peut-être encore d'une manière plus générale que l'on ne rencontre que trop souvent dans le monde de ces personnes dont la mémoire surchargée est comme un magasin vivant de faits, de dates, de prose et de vers ; mais il semble que toutes ces acquisitions étrangères aient remplacé leurs propres idées, de sorte que leur conversation, comme leurs œuvres, n'est qu'emprunts et rapsodies. Si nous examinons avec quelque réflexion l'état de ces fastidieux personnages, nous y reconnaîtrons plusieurs causes : d'abord le défaut d'équilibre dans l'éducation des différentes facultés ; il est aussi absurde, en effet, de cultiver trop exclusivement la mémoire que de la négliger entièrement. Nous voyons ensuite le mauvais choix des sujets offerts à la mémoire ; car, au lieu de la remplir de tant d'idées et de phrases toutes faites de différents auteurs, il fallait conserver nettement ses propres idées, ses propres impressions ; mais la cause principale, c'est, il faut le dire, l'absence des facultés intellectuelles indispensables pour la mise en œuvre des meilleures notions, des plus précieuses connaissances. Il y a dont ici moins excès de mémoire que manque de jugement, de goût, de tact et d'esprit. La mémoire n'est ni l'esprit, ni l'imagination, ni à plus forte raison le génie. Elle les sert puissamment, mais elle ne peut avoir la ridicule prétention de les créer ou de les suppléer.

Pour revenir à ce qui concerne plus particulièrement les arts, objectera-t-on la crainte de compromettre l'individualité du style ? mais rien n'oblige à appeler constamment l'attention et le travail de la mémoire sur la même manière, sur le même maître. Le grand nombre et la variété des études peuvent sauver aisément d'une préoccupation trop exclusive. Et, d'ailleurs, le véritable objet d'étude, la source toujours vive où il faut toujours puiser, c'est la nature ; à ce maître-là si l'on emprunte son style, ce sera la plus grande des originalités.

Mais, pour répondre aux objections d'une manière générale, on peut dire que c'est précisément lorsque la mémoire est livrée à un entier abandon qu'elle court risque, si elle ne périt pas, de s'emplir d'éléments incohérents et dangereux, tandis qu'au contraire, si l'on en prend la direction scientifique, il y a chance et espoir de la guider, de l'instruire, et aussi de la préserver.

Au reste, l'expérience a déjà répondu elle-même sur plusieurs points. Les élèves du cours de mémoire n'ont rien perdu, en le suivant, de l'exactitude qu'ils apportaient dans leurs études copiées ordinaires. Ils ont plutôt continué à progresser sous ce rapport comme sous celui de l'intelligence. J'ai remarqué avec satisfaction qu'après avoir regardé leur modèle, ils peuvent dessiner plus longtemps et tout aussi exactement sans avoir besoin de le regarder de nouveau ; ce qui prouve que leurs observations sont mieux faites et plus longtemps retenues.

Après quatre mois d'exercices, et la fin de l'année scolaire approchant, je jugeai convenable de clore cette première expérience par un concours d'émulation et de classement. Le sujet du concours fut un fragment d'anatomie assez compliqué, et, malgré la difficulté, les résultats dépassèrent mon attente et couronnèrent dignement les travaux de nos jeunes expérimentateurs.

J'avais résolu, dans le principe, d'ajourner toute publication de l'idée que j'avais conçue jusqu'après son expérimentation la plus complète ; mais sur le conseil de plusieurs illustres savants et artistes, je me décidai à faire connaître au public ces premiers résultats de la méthode, en attendant les faits d'observation et les nouveaux développement qui devaient résulter de la continuation de mes recherches pratiques [1].

1. Cette première publication a eu lieu en 1847 dans une Revue, et en 1848 en une brochure ayant pour titre : *Education de la mémoire pittoresque.*

Bien que l'École impériale de dessin offre à l'expérience un champ vaste et varié, cependant sa spécialité industrielle doit nécessairement se maintenir dans les applications de cet ordre. Mais il est une étude tellement primordiale qu'elle doit se trouver à la base de tout enseignement du dessin, avant toute spécialisation, et comme la racine commune de toutes les tiges d'une même plante, quelque hauteur que chacune soit destinée à atteindre : je veux parler de l'anatomie. Cette connaissance de la structure du corps humain, résumé lui-même de toutes les formes de la nature, peut, doit être considérée comme une sorte de syntaxe des arts du dessin, et, comme telle, être apprise par cœur ; et si nous voyons dans l'étude des langues la grammaire être donnée aux commençants comme moyen d'exercer la mémoire et en même temps de la meubler de principes fondamentaux, nous devons nous appuyer en tout sur cette analogie précieuse. C'est au professeur à créer des conditions d'attrait qui fassent surmonter ce que cette étude peut avoir de pénible et de sévère.

Évidemment les grands artistes des écoles anciennes, les Raphaël, les Michel-Ange, les Rubens, et aussi ceux qui se sont livrés à des applications industrielles, les Cellini, les Palissy, etc., grâce à leurs puissantes aptitudes, sinon à une étude méthodique, possédaient, par devers eux, la connaissance mnémonique de l'anatomie pittoresque. Cette supériorité explique, à quelques égards, la ligne de démarcation qui les sépare de la plupart des modernes.

Outre cette application de la mémoire pittoresque qui se place au point de départ de l'art et de l'industrie, cette mémoire est nécessaire à une foule d'industries spéciales pour imiter et combiner des objets absents. Les peintres de décors et d'attributs, entre autres, ne pouvant le plus souvent se servir de modèles, ont besoin particulièrement d'une mémoire exercée.

Parmi les industries élégantes où brille sans rival le goût

(f)rançais, sources à la fois de richesses et de gloire nationale, on peut citer celles des bronzes, des papiers peints, des étoffes à dessin, et en général toutes celles qui s'occupent de l'ornementation. Dans ces industries artistiques, la création tout entière, en tant que formes et couleurs, est mise à contribution : hommes, animaux, plantes, fruits, pierres précieuses, tous ces êtres, toutes ces choses que Dieu a recouverts de vêtements si variés et si magnifiques, sont autant d'éléments que l'imagination, parcourant le champ du fantastique, combine, agence, assortit, pour les livrer incessamment à la fantaisie insatiable de nouveauté. Qui peut rassembler ces innombrables matériaux que la nature a partout disséminés et surtout les replacer sous le jour, sous l'aspect où ils ont impressionné l'artiste, si ce n'est la mémoire ?

L'introduction dans l'instruction primaire de la culture de la mémoire des aspects préparerait très heureusement les jeunes intelligences à la plupart des études auxquelles elles pourraient se livrer ultérieurement.

La science, bien qu'elle ne s'arrête pas seulement aux apparences des corps, a besoin néanmoins d'en tenir compte et d'avoir souvent présents les formes, les teintes et leurs rapports.

La mécanique, qui tient de l'art, de la science et de l'industrie, retirerait de précieux avantages de la mémoire pour le dessin et la composition des machines.

Les sciences naturelles, nommément la zoologie, la botanique, la minéralogie, seraient utilement servies par la mémoire des aspects caractéristiques.

Enfin, les classifications et les nomenclatures, évoquant plus facilement le souvenir précis des objets qu'elles désignent, se fixeraient mieux dans les esprits, et perdraient leur aridité.

J'ai recherché jusqu'ici à indiquer rapidement l'utilité de la mémoire pittoresque dans quelques-unes de ses applications industrielles, son importance comme préparation primaire, ainsi que les procédés élémentaires de son développement ; mais avant d'aborder des considérations d'un autre ordre, je dois faire remarquer que si les idées qui vont suivre sont loin d'être sans enchaînement avec celles qui précèdent, elles peuvent cependant aussi être détachées entièrement. J'insiste sur ce point, afin qu'on ne puisse penser que je prétende confondre l'instruction industrielle et l'éducation artistique ou générale, non plus que les études élémentaires et les études transcendantes.

Me plaçant donc maintenant au point de vue artistique et surtout philosophique, j'appellerai l'attention sur l'importance générale de la mémoire pittoresque dans l'éducation.

On admet volontiers aujourd'hui, comme entrant dans le cadre obligé d'une bonne éducation, les arts qu'on appelle d'agrément, notamment le dessin et même la peinture ; mais, faute d'avoir reconnu que le dessin comprend trois facultés principales, la justesse de l'œil, l'adresse de la main, et la mémoire ou observation conservée, on n'a pu distinguer nettement ce qui, dans le dessin, était d'une utilité plus générale ; mais, avec l'aide de l'analyse que je viens de rappeler, on reconnaîtra facilement que si les trois facultés désignées sont toutes au même degré nécessaires à l'artiste, la plus indispensable à la généralité des personnes est sans contredit la mémoire ou l'observation ; on le reconnaît vaguement lorsque l'on dit que le dessin est surtout propre à former le goût. Mais on ne discerne pas positivement que c'est la mémoire et l'observation qui, remplissant ce rôle important, forment et développent le goût et le sentiment du beau en s'exerçant sur des objets choisis et en donnant la fixité nécessaire au souvenir des types de beauté.

Si donc, faisant entrer définitivement le dessin dans l'enseignement général, on donnait à l'observation mnémonique l'importance que je lui attribue, il serait bientôt considéré non seulement comme agréable, mais comme d'une utilité prépondérante, et pour ceux qui ne reconnaissent comme intégrale que l'éducation qui développe toutes les facultés, il deviendra de rigueur de cultiver un sens sans lequel l'intelligence reste mutilée et incomplète, et dont le délaissement rappelle l'abandon regrettable où est jusqu'ici laissée la main gauche.

Par l'étude généralisée du dessin perfectionnant désormais la mémoire et l'observation, on répandrait le goût des arts, on tendrait à créer ce public connaisseur et sympathique vainement invoqué par les artistes ; on ne verrait plus tant d'hommes d'un jugement sain et très éclairé sur tout autre sujet, errer sans guide et déplorablement sur les questions d'art, incapables de reconnaître où gît le mérite réel d'œuvres basées sur l'observation artistique de la nature, attendu qu'ils n'ont par devers eux ni observations, ni souvenirs de cet ordre. Aussi ces hommes sachant toutes choses, hors les vrais éléments de l'art qu'ils prétendent juger, ne manquent-ils guère de chercher exclusivement dans les productions des arts, non l'idée essentiellement artistique, mais l'idée littéraire, ou archéologique, ou bien historique, etc., idées qui s'associent intimement et heureusement à l'art, et doivent lui rester subordonnées.

Ce n'est pas sans quelque raison que les artistes ressentent une compassion profonde, pareille à celle qu'on accorde aux aveugles, pour tant de personnes, souvent d'un grand savoir, qui, faute d'avoir cultivé l'observation pittoresque, peuvent à peine discerner dans un objet exposé au jour le côté éclairé et le côté de l'ombre. Qu'on juge par là de tout ce qui leur échappe de piquants effets, de charmants contrastes, d'admirables harmonies. Sans doute la magnificence de la nature est telle qu'elle frappe encore leurs yeux voilés ; mais l'art seul peut, en apprenant à voir, à discerner, à retenir, donner la conscience complète de toutes ces merveilles et exalter d'autant plus l'admiration pour leur suprême dispensateur ; car, chose qu'on semble encore trop souvent ignorer, c'est par là surtout que l'art est vraiment religieux.

Les rapports entre la mémoire et l'imagination sont tellement directs et immédiats, qu'il est admis généralement que l'imagination ne fait que combiner les matériaux que lui fournit la mémoire, produisant ainsi, comme la chimie avec des éléments connus, des composés entièrement nouveaux. Combien l'imagination deviendra plus féconde, enrichie par une mémoire cultivée, mettant à sa disposition des éléments plus nombreux, plus variés, plus précis ! On peut donc établir avec assurance que la culture de la mémoire pittoresque, en servant et fortifiant l'imagination, favorise éminemment la composition artistique. Qu'on se figure, en effet, un artiste suffisamment doué des facultés de l'âme et du génie spécial que rien ne peut suppléer, chez lequel la mémoire aurait été, dès le commencement, méthodiquement perfectionnée. Son cerveau se trouverait meublé d'une foule d'images choisies ; car, rendu vraiment observateur, il aurait acquis de bonne heure la faculté de saisir et de retenir les aspects des objets, des lieux, des personnes, les effets, les couleurs et les combinaisons que leur vue lui aurait suggérés. Un voyage, un site, un beau ciel, des groupes, une attitude, des monuments, des chefs-d'œuvre de l'art, au lieu de lui laisser seulement un souvenir confus, un de ces rêves dont on ne peut tirer aucune manifestation réelle, seraient par lui conservés comme en un dépôt sûr, prêts à poser pour ainsi dire devant lui à son commandement, et propres à se combiner suivant les fantaisies de son esprit ou les aspirations de son âme ; guidé toujours par le souvenir de la réalité, il pourrait mieux, sans s'égarer dans le vague et l'impossible, s'élancer vers l'idéal et la beauté infinie.

De ces hautes régions où il plane, l'art répond volontiers par son dédain à celui de la science qui hésite encore à l'accueillir en égal ; et pourtant leur ralliement est indispensable à l'unité intellectuelle dont ils sont deux manifestations contrastées.

Je ne présenterai, à ce sujet, qu'une courte et dernière considération.

On sait que des opinions différentes divisent les plus illustres philosophes sur la question de l'origine des idées : les uns, en très grand nombre, considèrent les idées comme n'étant autre chose que les images des objets conservées par la mémoire ; les autres admettent que les idées peuvent être aussi des jugements d'une espèce différente, puisqu'il nous en arrive par d'autre sens que par la vue. Mais ils reconnaissent aussi qu'il existe un grand nombre d'idées-images Dans l'un et l'autre cas donc, n'est-il pas plausible que l'observation et la mémoire acquérant, par l'exercice méthodique, le pouvoir de saisir plus nettement et de conserver plus sûrement les images des objets, l'intelligence non point seulement artistique, mais comprise dans son acception la plus étendue, trouverait un secours puissant pour les opérations mêmes de la pensée, ayant dès lors à sa disposition, pour servir à ses combinaisons infinies, des idées, c'est-à-dire des images plus lucides, plus durables et plus obéissantes à l'appel de la volonté ? De ces relations, si elles sont constatées entre l'intelligence artistique et l'intelligence proprement dite, ne devra-t-on pas conclure à une place légitime et nécessaire de la mnémotechnie pittoresque dans l'éducation générale ?

Je ne pousserai pas plus loin l'examen de cette question à peine effleurée, me contentant seulement de faire remarquer que, par l'application facile de la mnémonique pittoresque, on pourrait au moins dans tous les cas chercher à résoudre des doutes et peut-être éclaircir enfin expérimentalement quelques-uns de ces problèmes métaphysiques sur l'origine et la nature des idées, les rapports de la mémoire et de l'imagination, etc., hautes questions qui, faute de vérification possible, n'ont guère, jusqu'ici, abouti qu'à des disputes stériles et interminables.

A mesure que je poursuis cet exposé rapide, l'horizon s'élargit et me laisse entrevoir des aperçus nouveaux et pleins d'espérance. Mais fidèle au plan que je me suis tracé, je dois me renfermer dans des questions qui se rattachent directement à mon sujet. L'étude de la mémoire de la forme devait me conduire logiquement à celle de la mémoire de la couleur. Mais pour agir sur cette faculté spéciale et jusqu'ici abandonnée à elle-même, il fallait imaginer tout un système d'étude, ainsi que des exercices appropriés. Je ferai connaître dans le chapitre suivant les recherches et les expériences auxquelles je me suis livré à ce sujet.

MÉMOIRE SPÉCIALE DE LA COULEUR

L'éducation de la mémoire pittoresque comprend dans sa généralité la mémoire des formes et celle des couleurs, mais sans les confondre.

Elle doit les cultiver, d'abord séparément, en tenant aussi bien compte des différences que des analogies qui existent entre ces deux facultés distinctes.

Prenant donc à part la mémoire de la couleur, j'ai cherché des moyens d'éducation qui lui soient propres.

Dans ce but, et toujours guidé par les principes que j'ai suivis pour le dessin de mémoire, j'ai composé une série de difficultés progressives.

Le premier de ces modèles offrait la plus simple combinaison possible : deux teintes plates placées l'une à côté de l'autre comme deux fiches de couleurs différentes.

Ces deux teintes étaient peintes sur un papier préparé avec une teinte grisâtre pour leur servir de fond.

Des papiers également recouverts de cette teinte étaient distribués aux élèves, afin que leurs oremières reproductions pussent s'exécuter dans des conditions d'opposition et de contrastes identiques à celles de leurs modèles.

J'ai cru devoir adopter et prescrire l'emploi des couleurs à l'huile comme se prêtant mieux à la facilité des mélanges et surtout à la fidélité de l'imitation qui, dans les commencements, ne saurait être trop recommandée.

J'avais choisi, pour le premier modèle, les teintes dites complémentaires comme très saisissantes par leur dureté même et donnant, de plus, une notion élémentaire utile.

Le second modèle se composait de trois teintes déjà moins tranchées et de nuances plus difficiles à saisir.

Les modèles suivants présentaient une série de teintes augmentant graduellement de nombre, et arrivant progressivement à des combinaisons de plus en plus variées et complexes.

L'École impériale de dessin ne s'occupant pas de l'étude de la couleur, j'ai réuni chez moi, pour cette expérience, un certain nombre de jeunes gens de bonne volonté, tous entièrement étrangers à la peinture, et remplaçant, pour la première fois, le crayon par le pinceau.

Ils étudièrent successivement tous les modèles, comme ils avaient fait précédemment pour le dessin de mémoire; les uns se contentant de l'observation attentive, d'autres recourant à la copie plus ou moins répétée, tous sont parvenus à apprendre par cœur et *à réciter*, pour ainsi dire, au pinceau, avec une fidélité scrupuleuse, ces images colorées, sans formes qui puissent aider le souvenir, et présentant des nuances aussi délicates que compliquées.

J'ai pu vérifier dans le cours de ces exercices que les dispositions naturelles à se souvenir des formes ou des couleurs constituent deux organisations parfaitement distinctes.

J'ai trouvé bien peu de sujets qui réunissent au même degré ces deux sortes d'aptitudes, mais j'ai constaté avec évidence que cette gymnastique spéciale peut rétablir l'équilibre entre ces diverses facultés.

Certains défauts naturels qui entraîneraient peut-être un artiste à voir tout en gris, en jaune, etc., ont pu facilement être reconnus, combattus à leur origine, et entièrement corrigés.

L'efficacité de ces exercices pour rectifier et affermir les jugements de l'œil sur la couleur, étant démontrée, ils pourraient servir de préparation à l'étude de la peinture, si l'on voulait introduire dans l'enseignement de cet art un ordre aussi méthodique que celui qui est suivi pour l'étude du dessin.

L'élève qui commence à dessiner débute ordinairement par quelques lignes droites et courbes, puis par des fragments de tête séparés et gradués ; rien de semblable n'est pratiqué pour la peinture, que l'on fait commencer, tout d'abord, généralement, par la copie d'une tête. Ne serait-il pas rationnel d'amener progressivement les élèves à surmonter une aussi grande difficulté ? Et n'y aurait-il pas surtout avantage à assurer, en ce qui concerne la couleur, la justesse de l'œil, organe si naturellement susceptible d'aberration, mais en même temps si éducable et si perfectible?

L'innovation que je propose trouverait d'ailleurs heureusement sa place dans l'éducation d'un jeune artiste à ce moment bien connu de tous les maîtres, où le désir ardent de peindre tend à le détourner prématurément de l'étude si importante et si fondamentale du dessin.

Le moyen que j'indique permettrait de l'y maintenir plus longtemps, en donnant à son impatience une sorte de satisfaction, et l'on pourrait alors ne le livrer que peu à peu, et en temps utile, aux entraînements de la peinture.

C'est ainsi que j'ai procédé dans l'expérience suivante :

Après un emploi suffisamment prolongé des teintes peintes à l'huile étudiées de mémoire, quelques objets de nature morte furent mis à l'étude, puis quelques fragments de tableaux furent appris par cœur. Enfin, on a pu peindre de mémoire, avec une vérité d'impression très remarquable, quelques horizons, effets de lune et de soleil observés rapidement sur nature ; ce résultat de notre expérience, sans parler de tout ce qu'il présage pour l'avenir, suffit à prouver par l'évidence, que l'organe de la perception et de la mémoire de la couleur est susceptible d'un très grand développement et que, sous l'influence de la méthode nouvelle, il peut être considérablement assoupli, et fortement préparé pour toutes les applications qui lui sont propres.

Viennent maintenant des artistes dont le génie aurait deviné certaines lois de la couleur, ou des savants qui auraient su les systématiser par la puissance du raisonnement, et ils trouveront dans mes procédés, non une méthode rivale ou exclusive, mais des moyens rationnels de rendre des facultés essentielles plus aptes à recevoir et à retenir leurs enseignements supérieurs [1].

Il est facile de prévoir combien le perfectionnement du sens de la couleur pourrait être utile dans une foule d'industries où le goût et l'élégance jouent un si grand rôle, et, par exemple, dans la fabrication des tapis, des étoffes, des papiers peints, dans la peinture de décors, et autres industries artistiques qui font constamment appel à l'imagination pour des combinaisons de nuances d'où résulte souvent tout un succès.

Quant à la peinture proprement dite, la mémoire de la couleur est, pour ainsi dire, la condition même de son existence. Elle seule peut tirer tout le fruit des admirables leçons des grands maîtres coloristes, et des enseignements plus sublimes

1. Notre époque possède plusieurs vrais coloristes dont les œuvres et les conseils peuvent être de précieux enseignements ; quelques admirateurs passionnés des anciennes écoles venitienne et flamande se sont efforcés d'en renouer les traditions et d'en retrouver les secrets ; enfin des hommes de science placés à des points de vue différents se sont livrés à d'intéressantes recherches sur les couleurs ; entre tous les travaux de cet ordre, il faut citer surtout l'important ouvrage de M. Chevréul sur les contrastes.

encore que donne sans cesse la nature dans l'inépuisable variété de ses teintes ; partout elle les répand en modulations infinies, sur les eaux, dans le ciel, dans les bois, dans les vapeurs lointaines, sur mille créatures animées ; sur l'homme enfin, dont la couleur, dans son plus beau type, résume toutes les teintes existantes sans être semblable à aucune ; comme si, dans les plans de l'artiste suprême, la vaste décoration du monde devait s'harmoniser sans se confondre avec la créature supérieure, pour mieux servir de fond à cette figure souveraine.

Ces splendides spectacles de la couleur, la nature les prodigue à tous, mais l'artiste qui se souvient peut seul en saisir et en fixer les beautés fugitives.

ENSEIGNEMENT SUPÉRIEUR. APPLICATIONS

Après avoir obtenu par les moyens précédemment exposés, un premier degré de développement de la mémoire de la forme et de celle de la couleur, il devient possible d'aborder un enseignement supérieur et d'entrer dans le domaine de l'application réellement artistique. C'est le moyen de compléter l'éducation de la mémoire pittoresque et d'en faire bien saisir toute la portée.

Je pouvais me borner à déduire théoriquement les conséquences des résultats déjà obtenus, mais j'ai préféré continuer la marche jusqu'ici adoptée, en appuyant toujours le raisonnement sur la pratique.

J'ai pu entrer dans cette voie expérimentale en agissant sur un certain nombre de jeunes gens déjà préparés et encouragés par de précédents succès.

Je leur exposai le programme sommaire des nouveaux travaux qu'ils devaient entreprendre. Vivement intéressés par la nouveauté des aperçus, ils accueillirent ma proposition comme celle d'une véritable partie de plaisir, avec ce bel entrain de la jeunesse dont on pourrait tirer un si magnifique parti.

Pour mieux faire comprendre ces expériences entièrement nouvelles, j'en donnerai ici un récit abrégé.

Un rendez-vous eut lieu entre le maître et les élèves dans un site pittoresque, une sorte de grand parc naturel ; de beaux arbres élevés et touffus présentaient l'aspect d'une forêt avec ses ombres épaisses ; une vaste clairière recevait largement la lumière du ciel et près du bois un étang reflétait l'image renversée des grands arbres.

Ce lieu était donc merveilleusement disposé pour fournir à la figure humaine les fonds les plus variés, et pour la présenter dans les effets les plus divers d'ombre et de lumière.

C'était précisément le but que je m'étais proposé.

Quelques modèles avaient été engagés pour l'expédition ; ils devaient marcher, s'asseoir, courir, se livrer enfin librement et spontanément à divers mouvements ; tantôt nus comme des faunes antiques, tantôt vêtus de draperies de différents styles et de diverses couleurs.

Ce spectacle, au moins étrange pour le profane, était pour mes élèves, comme il eût été pour tout artiste, plein d'intérêt et d'enseignement.

Nos pauvres mercenaires de la pose, livrés à eux-mêmes dans ce milieu vivifiant et splendide, semblaient vraiment se transfigurer.

Ce n'était plus le modèle roide ou affaissé sur la table classique, appuyé sur le bâton ou sur la corde traditionnelle ; c'était l'homme, la créature d'élite, dans sa beauté, dans sa force, dans la grâce de ses libres allures, faisant naître, à chacun de ses pas, dans son domaine, des merveilles de contraste et d'harmonie.

Souvent, le modèle était arrêté par une exclamation des spectateurs qui l'invitaient à rester quelques secondes immobile, tant l'attitude qu'il avait rencontrée était remarquable et saisissante; d'autres fois, passant sous la branche avancée d'un grand arbre, il s'était comme enveloppé dans une ombre d'une admirable transparence, ou bien encore, monté sur un tertre élevé, il se détachait en silhouette vigoureuse et pittoresque sur les nuages lumineux.

Un moment l'admiration s'est élevée jusqu'à l'enthousiasme : un de nos modèles, homme de belle stature et ayant une barbe majestueuse, se reposait négligemment sur le bord de l'étang près d'un groupe de roseaux, dans une attitude aussi noble que naturelle. Le prestige fut complet, la mythologie était là vivante, devant nous : c'était un fleuve antique présidant au cours de ses ondes dans toute sa sereine majesté !...

Mais il ne s'agissait pas seulement d'admirer ces scènes artistiques ; il fallait surtout les observer rapidement et en reproduire de mémoire, par le crayon ou le pinceau, soit la réalité même, soit les impressions idéalisées.

C'était pour les jours suivants la tâche de ceux que l'exercice méthodique de la mémoire avait suffisamment préparés.

Ces élèves comprenaient alors le but de ces études inusitées, sans lesquelles toutes ces belles visions se seraient bientôt évanouies comme des rêves.

Du reste, dans l'espèce de compte rendu, peint ou dessiné que tous devaient faire, chacun était libre de choisir ce qui l'avait le plus vivement impressionné, et l'on pouvait alors juger de la différence des organisations artistiques; c'est ainsi que quelques-uns, sans être pour cela insensibles aux beautés de la figure humaine, l'avaient subordonnée au paysage qui les avait surtout captivés,

Nous avons rapporté aussi un contingent d'observations relatives aux arts industriels.

Sur la lisière du bois, un bel arbre avait attiré notre attention : le tronc, recouvert d'une écorce régulière comme les cannelures d'une colonne, était entouré de feuilles de lierre disposées par la nature avec l'art le plus exquis ; il était impossible, en le voyant, de ne pas songer à ces gracieuses colonnettes ornées que nous a léguées la Renaissance. J'avais saisi cette occasion pour faire remarquer combien les artistes de cette époque ingénieuse et naïve avaient puisé au riche trésor que nous offre la végétation.

La leçon avait porté fruit, et quelques-uns de mes jeunes auditeurs ne tardèrent pas à trouver, parmi les plantes et les feuillages, plusieurs combinaisons ornemanesques pouvant fournir à l'industrie des motifs pleins de grâce et d'originalité.

Quelques jours après, des aspects d'un autre ordre, des scènes toutes différentes nous offrirent un intérêt non moins vif : l'habile architecte d'un de nos principaux monuments avait bien voulu mettre à ma disposition, avant de les livrer au public, plusieurs salles d'une sévère architecture [1].

Il est difficile d'imaginer l'effet grandiose produit par des figures noblement drapées se promenant sous ces portiques, s'appuyant sur ces balustrades, ou descendant majestueusement les degrés d'un escalier monumental.

J'observais attentivement l'effet que ces scènes diverses produisaient sur les jeunes gens qui y assistaient. L'étude de l'art leur apparaissait sous un jour tout nouveau et plein d'attrait Ils s'émerveillaient que la nature fût si belle et si riche en aspects encore inconnus; ils auraient voulu tout saisir, tout s'assimiler.

Plusieurs dessins et peintures, exécutés sous ces vivifiantes influences, donnèrent tout d'abord les plus heureux résultats, et l'expérience, quoique à peine commencée, put déjà être considérée comme très significative et très concluante.

Malheureusement ces exercices ne purent se prolonger suf-

1. Le Palais de Justice. Il existe encore de ces notations dans les cartons qui appartiennent a M. le Dr Rondeau. L.

fisamment ; d'une part les localités sont rarement disponibles ; d'autre part, mes anciens élèves, engagés presque tous dans diverses industries, ne peuvent pas disposer de tout le temps qu'ils aimeraient à consacrer à leurs études artistiques.

Toutes ces difficultés n'existeraient pas ou seraient considérablement réduites pour une grande École d'art, qui voudrait compléter ses moyens d'action par l'application des principes que je viens d'exposer ; elle réunirait, alors, toutes les conditions favorables au succès ; elle pourrait choisir, sans parcimonie, les modèles, les draperies, les costumes, tout le matériel désirable. Il lui serait facile d'obtenir, dans l'intérêt de l'art, à des temps déterminés, la disposition de quelques parcs ou de certains monuments ; elle aurait surtout l'avantage de posséder des élèves d'élite convenablement préparés par des études préalables à aborder le nouveau programme que j'appelle l'*enseignement supérieur*. A de tels élèves rendus observateurs et impressionnables, l'École pourrait, dès à présent, offrir des sujets d'observations propres à meubler utilement et dignement leur mémoire, à former leur goût et à les diriger vers les hautes régions de l'art.

Elle pourrait indiquer, dans ses collections et dans les Musées, des chefs-d'œuvre qui laisseraient dans des esprits fortement préparés des impressions vives, durables et fécondes.

Mais il ne suffit pas des grandes leçons de la tradition et des maîtres, il faut en même temps et surtout les enseignements de la nature. L'étude du modèle vivant, telle qu'on l'a entendue et pratiquée jusqu'à présent, doit être précieusement conservée, mais elle ne devrait plus être considérée comme suffisante [1].

1. Il ne s'agit nullement d'abandonner les moyens d'enseignement usités de tout temps, et qui ont fait leurs preuves. Il faut, au contraire, continuer à exercer les élèves à l'imitation de tout ce qui peut poser sous leurs yeux, tout en les habituant à conserver le souvenir des aspects passagers et changeants, car ces différents modes de procéder leur seront tous nécessaires pour l'exécution de leurs œuvres ultérieures. Je ne puis m'étendre davantage sur ce point, n'ayant

L'immobilité du modèle, nécessaire pour l'étude matérielle et à tête reposée, a bientôt refroidi le mouvement, décomposé l'expression, déformé les muscles; le jour et le fond de l'atelier, toujours les mêmes, ne présentent d'ailleurs, qu'un effet monotone.

L'École pourrait maintenant comprendre l'étude de la nature dans une plus large acception.

Le professeur conduirait, à des jours déterminés, ses élèves les plus avancés dans les parcs ou dans les monuments concédés à l'École. Là se trouveraient les accessoires nécessaires et des modèles choisis, et les expériences dont j'ai pris l'initiative pourraient alors être répétées sur une plus grande échelle et variées à volonté pour l'instruction des élèves.

En combinant ainsi avec l'étude du modèle qui pose l'étude de l'homme agissant, en le présentant à l'observation non plus isolément, mais dans ses rapports pittoresques avec les formes et les teintes du milieu qui l'environne, l'École pourrait inscrire, avec vérité, dans son programme : *Étude de la nature.*

Ces nouvelles conférences péripatéticiennes, introduites dans les écoles d'art seraient utiles à toutes les branches de l'enseignement.

Quoi de plus favorable, par exemple, à l'étude de l'anatomie et en même temps de plus conforme aux traditions de l'antiquité que l'observation attentive de modèles nus simulant les exercices des athlètes ?

Le jeu des muscles et de la charpente osseuse, les changements de formes qui résultent des mouvements doux ou violents, seraient étudiés et saisis sur le fait et viendraient vérifier les leçons de l'amphithéâtre.

pas à donner ici un plan complet d'organisation d'école. Mais si je dois me renfermer dans mon sujet spécial, il n'en faut pas conclure que je méconnaisse la valeur des enseignements déjà existants, non plus que l'importance de ceux qui pourraient être perfectionnés ou créés, notamment de certains cours oraux dans lesquels l'histoire et la poésie viendraient développer et élever les intelligences, éveiller les idées, toucher les cœurs, et échauffer l'enthousiasme.

En présence de la nature animée, on n'aurait plus à craindre les affectations scientifiques, non plus que les erreurs résultant d'une étude faite exclusivement sur les muscles affaissés des cadavres. Ce que l'on pourrait appeler l'anatomie morte trouverait dans l'anatomie vivante tout à la fois son correctif et son complément.

La perspective, malgré son extrême importance, est généralement peu sympathique aux jeunes artistes ; ses opérations leur semblent froides, arides, et rentrer plutôt dans le domaine des mathématiques que dans celui de l'art; ces préventions fâcheuses seront bientôt dissipées, lorsque des observations faites sur nature, sous la direction du professeur, viendront confirmer les règles et en montrer les applications immédiates.

C'est dans l'intérieur même des édifices ou dans de vastes campagnes animées par des groupes de modèles convenablement disposés, que la perspective recevra ses grandes et attrayantes démonstrations.

Là seront étudiés, non plus d'une manière abstraite, mais dans leurs réalités pittoresques, tous les faits, toutes les lois, tous les accidents de la perspective : la dégradation des grandeurs, en raison directe des degrés d'éloignement, les différences d'aspect suivant les divers points de vue, l'importance des conditions de distance, les raccourcis de la figure humaine et ses rapports de proportion avec les objets qui l'environnent.

La perspective aérienne, qu'on a cru toujours ne pouvoir être soumise à des règles fixes, serait l'objet d'études expérimentales et d'exercices destinés à laisser dans la mémoire des élèves les notions générales les plus utiles.

Supposons, par exemple, que des modèles soient placés comme des jalons également espacés entre eux de sept ou huit mètres, et que le modèle le plus rapproché des spectateurs en soit lui-même éloigné d'une distance égale, les observateurs pourront alors apprécier la dégradation des teintes résultant d'éloignements connus, depuis le premier modèle jusqu'au dernier.

Supposons que ces modèles soient vêtus de draperies, et chacune des couleurs des étoffes donnera lieu à des remarques spéciales : si toutes les draperies étaient blanches, on pourrait constater que cette couleur ne s'atténue guère que du côté de l'ombre et conserve à peu près tout l'éclat de sa lumière, quel que soit son éloignement du spectateur.

Des expériences analogues pourraient être faites sur une allée d'arbres, sur une suite d'arcades ou de colonnes, dans l'intérieur ou à l'extérieur des monuments.

On pourrait étudier ainsi toutes les modifications de teintes produites par l'éloignement, ou plutôt par l'interposition de l'air entre les observateurs et les objets observés.

Les élèves, en réitérant ces exercices, posséderaient bientôt, sinon les principes d'une science rigoureuse, du moins une série d'observations pratiques sur les phénomènes essentiels dont se compose la perspective aérienne.

Quelques séances seraient consacrées à l'étude du costume, et l'on aurait le soin de s'entourer des meilleurs renseignements archéologiques.

Le costume antique deviendrait le sujet d'une étude vraiment classique ; après avoir développé devant les élèves différentes sortes de draperies, pour en faire bien connaître les coupes, on en revêtirait quelques modèles auxquels on indiquerait, autant que possible, la façon de les porter suivant les pays et les époques ; il serait peu nécessaire de recourir, comme moyen d'étude, aux arrangements de plis cherchés laborieusement sur le mannequin. L'habitude d'une observation rapide permettrait d'étudier le vêtement animé, pour ainsi dire, par l'action et par le geste.

Ce ne serait, du reste, qu'après avoir été portées quelque temps par les modèles agissant en liberté, que les draperies rompues, en quelque sorte, aux habitudes du corps, perdraient l'aspect gourmé particulier aux vêtements neufs, et traduiraient avec naturel les formes et les mouvements.

On verrait alors se produire des motifs toujours inattendus, souvent admirables, se modifiant à l'infini selon les attitudes du repos ou les mouvements de la marche et de la course, et diversifiés encore parfois par les mouvants effets du coup de vent.

Ces leçons pratiques seraient, à volonté, restreintes ou développées, et l'on pourrait aller, selon les localités et le matériel dont on disposerait, jusqu'à ressusciter, pour ainsi dire, certaines époques en montrant, par exemple, dans une salle gothique, des moines ou des chevaliers, ou bien sous les allées ou sur les pelouses d'un parc séculaire des personnages de la cour de Louis XIV ou de celle de François Ier.

Des scènes de temps et de styles divers passeraient ainsi sous les yeux des élèves, dont l'imagination artistique viendrait compléter l'illusion.

Parmi les études qui exigent le plus impérieusement l'emploi de la mémoire, on peut citer celle des animaux ; elle pourrait maintenant donner lieu à une introduction aussi importante que nouvelle dans une école d'art.

Quelques animaux laissés en liberté dans le champ d'étude, seraient livrés à l'observation. Le cheval surtout mériterait d'être étudié, d'une manière spéciale et approfondie, non seulement dans sa construction anatomique, mais encore dans ses formes et ses allures vivantes.

Observé isolément, ou groupé avec l'homme, à la manière des bas-reliefs du Parthénon, il présenterait des aspects pittoresques et grandioses bien capables d'impressionner vivement les esprits et de les amener au grand style.

Il serait superflu d'énumérer ici toutes les applications par lesquelles l'Ecole pourrait étendre et vivifier son programme ; mais nous croyons devoir insister sur ce point essentiel, qu'elle devrait, pour obtenir des résultats réellement importants, exiger de tout élève, à la suite de chaque séance, une sorte de compte rendu, peint ou dessiné, de ce qui lui aurait fait le plus d'impression, l'habituant ainsi à ne se pas contenter de vagues rêveries, mais à manifester extérieurement ses sensations d'une manière nette et précise.

Ces appels aux impressions personnelles, produites par la nature elle-même, favoriseraient éminemment le développement individuel et l'éclosion de talents originaux.

Après quelque temps d'Ecole, les élèves auraient recueilli une somme d'observations qui leur seraient propres et possédant dès lors, pour leurs œuvres, des matériaux empruntés à la nature même, ils ne seraient pas réduits à paraphraser éternellement les mêmes maîtres.

C'est alors seulement que l'Ecole pourrait demander à ses élèves de véritables compositions, qui procéderaient réellement de la conception particulière de chacun d'eux.

Tout concourrait, d'ailleurs, à favoriser le travail de la composition ; on ne tarderait pas à reconnaître combien l'habitude de conserver l'image des objets absents tend à développer la faculté de se représenter non seulement les choses que l'on a vues, mais encore celles auxquelles on pense et que l'on invente, et à donner ainsi aux conceptions de l'imagination une netteté et une précision qui les mettent, en quelque sorte, sous les yeux et à la disposition de l'artiste.

Tout en donnant un puissant essor aux facultés inventives et à l'initiative individuelle, le nouvel enseignement se relierait d'une manière évidente à la tradition.

Les élèves seraient bientôt frappés des rapports qui se produiraient souvent entre les beautés naturelles qu'ils auraient sous les yeux et les ouvrages des grands maîtres. En observant la nature belle, vivante, animée, en la prenant, pour ainsi dire, sur le fait et de première main, ils feraient ce que les maîtres ont fait eux-mêmes et puiseraient à la même source qu'eux.

Et il est certain, en effet, qu'à toutes les grandes époques de l'art, soit dans l'antiquité grecque et romaine, soit au temps de la Renaissance, les artistes, par les mœurs, les costumes et toutes les circonstances de la civilisation au milieu de laquelle ils vivaient, avaient sans cesse sous les yeux des spectacles capables d'inspirer leur génie et dont leurs œuvres se sont profondément imprégnées.

Sans pour cela nier la grandeur propre au temps où nous vivons, il faut reconnaître qu'avec nos mœurs bourgeoises, nos costumes au moins insignifiants, quand ils ne sont pas grotesques ou hideux, il est indispensable, pour raviver et relever les inspirations de l'art, de montrer souvent à la jeunesse la nature vivante agissant dans les conditions les plus favorables au développement des beautés pittoresques. Il faut, en dehors des réalités vulgaires, créer un milieu studieux, attrayant et poétique, réunissant tout ce qui peut féconder le génie et l'élever vers l'idéal.

Mais il ne suffit pas d'être entouré de scènes animées et de beautés plastiques pour en saisir l'expression vivante et en dégager l'idéalité ; il faut, de plus, savoir observer et se souvenir.

Une culture méthodique de la mémoire pittoresque doit donc précéder l'enseignement supérieur et les applications qui en sont la suite et le complément.

APPENDICE

I

Quelques personnes auraient désiré trouver dans la première édition de ce travail, outre les exercices méthodiques que j'ai fait connaître, quelques moyens ou procédés pouvant donner aide et secours à la mémoire.

Elles ont été surprises aussi que je n'aie rien emprunté aux différents systèmes de mnémonique ayant pour objet les mots ou les idées, les dates ou les nombres.

Toutes les différentes sortes de mémoires présentent, sans doute, entre elles, des points d'analogie, mais elles offrent en même temps de telles différences que leurs opérations respectives seraient difficilement aidées par l'emploi des mêmes moyens.

La plupart des systèmes en question ont d'ailleurs le défaut de procéder d'une manière toute mécanique et sans s'adresser à l'intelligence.

Le principe fondamental de ma méthode est, au contraire, que la mémoire et l'intelligence doivent toujours être cultivées simultanément, et de telle façon, que le développement de l'une serve activement au développement de l'autre.

Au reste, je propose ordinairement mes moyens aux élèves sans les leur imposer, afin de ne pas gêner le travail intellectuel de chacun d'eux, et de les laisser suivre librement la marche qui leur est propre.

La crainte que mes conseils ne soient pris comme des recettes, et, si l'on peut dire, comme une espèce de panacée indistinctement applicable à toutes les organisations, explique, en partie, la réserve que j'ai gardée à ce sujet.

Pour répondre, cependant, au désir qui m'est exprimé à cet égard, je puis au moins donner quelques idées générales propres à régler et à faciliter le travail de l'observation, et par suite celui de la mémoire.

L'observation des aspects peut avoir cinq objets principaux : les dimensions, les positions, les formes, le modelé et les couleurs.

Pour observer les dimensions ou grandeurs, on peut comparer les différentes parties du sujet entre elles, et en choisir une pour unité de mesure.

On peut, afin d'apprécier les positions respectives des différentes parties du sujet, supposer des lignes horizontales et verticales passant par les points qui paraissent les plus remarquables; ces lignes fixes et leur point d'intersection fourniront à la mémoire des points de repère assurés et des remarques positives[1].

1. Ces principes sont la base même du dessin ordinaire ; il ne s'agit donc que d'en faire l'application de mémoire. Cf. p. 113, 114.

S'il s'agit de se rendre compte d'une forme, on peut la supposer inscrite dans une figure simple et élémentaire, comme le carré, le cercle, le triangle, etc., et constater de combien la forme observée se rapproche ou diffère de la figure dont elle a été fictivement entourée.

L'observation sur le modelé comprenant les fuites et les saillies se fera par la comparaison des teintes entre elles, suivant les degrés d'ombre et de lumière ; une des parties du sujet, soit la plus foncée, soit la plus lumineuse, servant d'unité de mesure.

Pour ce qui concerne l'observation sur la couleur, il faut non seulement juger et comparer entre elles les différentes valeurs de lumière et d'ombre, mais encore les divers degrés d'intensité de chaque couleur. La mémoire peut remplir ici un office très important en conservant le souvenir de teintes déterminées servant de terme de comparaison et de point fixe pour apprécier les intensités et les dégradations des couleurs.

Ces différents moyens généraux et d'autres encore d'une application plus individuelle sont employés par mes élèves, surtout dans les commencements de leurs études de mémoire ; mais ils deviennent moins nécessaires quand l'exercice a développé complètement la faculté de voir l'objet absent ; car, alors, les dimensions, les positions, les formes, le modelé et les couleurs sont appréciés par ce que l'on pourrait appeler la vue intérieure de la mémoire, presque comme le ferait la vue ordinaire, sans le secours de calculs et de raisonnements préalables.

Voir l'objet absent est donc le but essentiel auquel doivent tendre tous les genres d'exercices. Parmi les procédés qui peuvent conduire directement à ce résultat, j'indiquerai seulement un de ceux qui ont généralement obtenu le plus de succès. En voici, pour ainsi dire, la formule :

Étant convenablement placé pour bien considérer l'objet que l'on veut étudier de mémoire, en dessiner les formes par la pensée, et, pour mieux concentrer l'attention, suivre ces formes, à distance, du bout du doigt ou avec une pointe quelconque, puis, fermant les yeux ou cessant de regarder l'objet, en simuler l'imitation dans l'espace.

Ces dessins imaginaires, n'offrant par leur nature même aucune difficulté d'exécution, peuvent se répéter très rapidement et aussi fréquemment qu'on le croira utile pour bien posséder intérieurement l'image de l'objet avant d'en faire, de mémoire, un dessin réel.

Ce moyen doit être employé suivant les degrés d'aptitude des élèves :

Les mieux organisés pourront commencer par les grandes lignes de la masse ou de l'ensemble simplifié, avant de se livrer à l'étude des détails.

Les élèves moins heureusement doués, ne pouvant arriver dès l'abord à la conception de l'ensemble, devront répéter plusieurs fois, et coup sur coup, le dessin idéal d'une partie seulement, afin d'en incruster, en quelque sorte, l'empreinte dans leur cerveau ; puis procéder de même, et successivement, pour chacune des autres parties avant de passer, enfin, à l'étude également répétée de l'ensemble.

S'ils ne peuvent, non plus, saisir à la fois, et du premier coup, les contours et le modelé, ils devront faire, d'abord, abstraction des ombres.

Toutes ces prescriptions, sauf de légères modifications, sont également applicables si l'on veut étudier son sujet de mémoire sous le rapport de la couleur; on peut alors, pour mieux fixer l'attention, suivre à distance et du bout du doigt, figurant un pinceau, les teintes du modèle, comme si on les peignait, puis détournant les yeux, répéter cette peinture fictive dans l'espace, jusqu'à ce que cette image colorée, apparaissant assez nettement à l'esprit, puisse être reproduite de mémoire dans une exécution réelle.

Ces opérations peuvent sembler, peut-être de prime abord, étranges et presque fantastiques ; mais elles sont, ainsi que l'expérience l'a montré, d'une pratique très simple, et peuvent offrir des avantages dont il est facile de se rendre compte[1].

Dans l'exécution de ces dessins ou de ces peintures purement intellectuels, l'esprit et le sentiment, affranchis de tout procédé matériel, peuvent se livrer librement à toutes leurs inspirations. Ils peuvent, non seulement saisir les aspects avec exactitude, mais les modifier à volonté, choisir, diminuer, augmenter, abstraire, accentuer, embellir, greffer enfin, en quelque sorte l'idéal sur le réel.

N'est-ce pas là un véritable travail d'assimilation par lequel l'ar-

1. Voir Appendice IV, p. 64.

tiste, après avoir pris possession de la nature, peut encore l'empreindre de son sentiment personnel?

Les procédés que je propose peuvent donc être considérés à la fois comme des modes d'exercice de la mémoire, de l'intelligence et du sentiment artistique.

Ils conviennent aussi bien aux études supérieures qu'à la première éducation. Non seulement ils tendent à développer la mémoire ainsi que les plus hautes facultés, mais ils peuvent faire contracter de bonne heure à tout élève l'habitude salutaire et trop rare de consacrer quelques moments à l'étude intellectuelle du modèle avant de donner un libre essor à la main.

Je livre ces idées et le procédé lui-même à l'appréciation des professeurs.

Ils savent que, si le principe fondamental et caractéristique d'une méthode doit être appliqué d'une manière rigoureuse et absolue, il n'en est pas de même de certains moyens auxiliaires qui peuvent être choisis et employés, suivant les organisations particulières, afin d'aider chacun dans le sens de ses facultés naturelles.

Le professeur doit donc étudier avec soin ses élèves, et pénétrer, en quelque sorte, dans leur esprit. Il trouvera sans cesse ainsi des moyens nouveaux pour les approprier à de nouveaux sujets. Par là, il peut toujours être inventeur, même dans la pratique, d'une méthode dont il n'a pas eu l'initiative.

Persuadé, quant à moi, qu'il n'y a pas moins d'avantage que de justice à élever la fonction du professeur, il m'a toujours semblé qu'il n'était pas bon de chercher, par des prescriptions trop nombreuses et trop détaillées, à diminuer l'importance de son rôle. Au professeur seul appartiennent les applications intelligentes et spontanées ; il est la méthode vivante qu'aucune méthode écrite ne peut ni ne doit suppléer[1].

II

Plusieurs membres de différentes sections de l'Institut, qui avaient suivi avec intérêt les premiers développements de ma méthode, m'en-

1. Cette influence de l'action personnelle implique la responsabilité du professeur et dégage d'autant celle de la méthode dans tout essai d'application qui manquerait d'une direction suffisamment judicieuse, éclairée et méthodique.

gageaient depuis longtemps à la présenter à l'examen de l'Académie des beaux-arts; mais je ne me suis décidé à suivre ce conseil bienveillant que vers la fin de l'année 1851, c'est-à-dire lorsque les résultats acquis me parurent suffisamment avancés.

L'Académie se montra très disposée à étudier sérieusement la question.

Elle nomma, à cet effet, une commission, composée de MM. Couder, Horace Vernet et Robert Fleury, et m'appela moi-même dans une de ses séances, pour y expliquer ma théorie.

L'accueil fait à cet exposé fut des plus bienveillants; toutefois plusieurs membres observèrent très judicieusement que l'Académie ne pouvant se prononcer en toute connaissance de cause que sur des résultats rigoureusement constatés, des expériences devraient être faites sous ses yeux.

Voici le mode d'épreuve qui fut suivi :

Un de mes élèves[1] fut conduit dans la salle de l'Institut pour y dessiner la statue du Poussin par M. Dumont. (Cette figure, n'ayant jamais été moulée, n'était point connue au dehors.)

Le dessin terminé fut remis entre les mains de la Commission, et le jeune homme emmené dans une pièce éloignée ; là, sous une surveillance organisée, il dut reproduire le même sujet de mémoire, afin que l'on pût en constater la fidélité en le comparant à celui qu'il avait copié précédemment d'après la statue, ainsi qu'à la statue elle-même.

Une seconde épreuve, plus difficile encore, eut lieu sur ma proposition : un autre de mes élèves fut désigné pour exécuter un dessin de mémoire, sans avoir fait, préalablement, aucune copie qui pût lui servir d'étude, mais, seulement, après avoir observé très attentivement son modèle.

Ce modèle, choisi par l'Académie, était le buste de Carle Vernet par Dantan.

A la suite de ces deux épreuves décisives, soutenues par mes deux élèves avec un égal succès, l'Académie adressa au ministre de l'Intérieur un rapport qu'on a bien voulu m'autoriser à reproduire.

1. Ch. Cuisin ; il devint plus tard dessinateur botaniste au grand regret de son professeur et ses camarades qui l'ont considéré le fort de l'atelier. Les deux dessins sont encore dans les cartons de M. le docteur Rondeau. L.

INSTITUT DE FRANCE

ACADÉMIE DES BEAUX-ARTS.

Le secrétaire perpétuel de l'Académie certifie que ce qui suit est extrait du procès-verbal de la séance de samedi 17 janvier 1852.

RAPPORT sur la méthode d'enseignement de M. Lecoq de Boisbaudran, professeur à l'École spéciale de Dessin.

« Messieurs,

« Ainsi que l'a proposé votre Commission, les dessins des élèves de M. de Boisbaudran ont été soumis à votre examen, et vous avez apprécié les avantages qui résultent du mode d'enseignement de ce professeur. Il suffit donc aujourd'hui de rappeler en peu de mots les explications qui vous ont été données à ce sujet.

« Dès l'année 1847, M. de Boisbaudran, frappé de l'importance dont serait la mémoire spéciale de la forme, développée au moyen d'exercices méthodiques, résolut d'en faire l'application dans sa classe.

« Procédant du simple au composé, après les premiers essais sagement gradués, les élèves, encouragés par le succès, osèrent apprendre par cœur des statues, des bas-reliefs, des têtes antiques, etc., en suivant le même procédé, c'est-à-dire en dessinant d'abord d'après l'original, puis de mémoire seulement, et reproduisant le modèle ainsi précédemment étudié.

« Vous avez pu juger, Messieurs, de la justesse d'ensemble, de caractère et de l'exactitude des formes que présentent ces dessins. Certes, de tels résultats sont véritablement dignes d'éloges, et, cependant, parmi les élèves dirigés par ce mode, il en est qui ont encore plus fait, car ils ont reproduit, avec une vérité d'imitation très remarquable, des modèles aussi difficiles sans les avoir, comme leurs émules, dessinés précédemment. Ceux-ci ont seulement observé pendant quelques heures, bien classé dans leur mémoire les traits particuliers de leurs observations; puis revenus dans la classe, sans autre secours que le souvenir de l'image retenue au moyen d'observations mentales, ils ont reproduit, avec la fidélité naïve et fine qui distingue ces dessins, les antiques qu'ils avaient préférés pour cet exercice.

« Loin de se prévaloir plus qu'il ne convient de si heureux résultats, M. de Boisbaudran ne prétend nullement que sa méthode soit uniquement employée comme une nouveauté qui affranchirait des études ordinaires et pratiquées en tout temps ; non, M. de Boisbaudran prétend seulement donner le moyen de cultiver avec méthode la mémoire des jeunes élèves, et la rendre ainsi spécialement capable de retenir avec exactitude les aspects pittoresques, avantage incontestable dans l'éducation des jeunes élèves qui se livrent à l'étude des arts.

« En conséquence, votre Commission vous propose, Messieurs, de donner votre approbation à l'exercice de la *Mémoire pittoresque* de M. de Boisbaudran.

« Signé à la minute : Horace Vernet, Auguste Couder et Robert Fleury.

« Ce rapport est adopté par l'Académie.

Certifié conforme,

Le secrétaire perpétuel,

« Raoul Rochette. »

Cette approbation explicite, donnée par une assemblée si haut placée dans la hiérarchie artistique, m'était doublement précieuse : elle proclamait d'une manière officielle la réalité et la sincérité des résultats de ma méthode, en même temps que son utilité pour l'étude des beaux-arts.

Il me restait à obtenir la constatation de son efficacité pour l'éducation des arts industriels, constatation que je devais naturellement demander à la Société d'encouragement pour l'industrie nationale qui réunit les conditions de compétence spéciale et de haute notoriété.

J'attachais d'autant plus de prix au témoignage de cette Société, qu'habituée à apprécier avec toute la rigueur nécessaire les inventions industrielles et scientifiques, elle devait procéder par des épreuves sévères d'autant plus concluantes.

La Société d'encouragement était, du reste, parfaitement préparée pour l'examen du sujet en question ; elle venait d'instituer une commission permanente ayant pour but d'examiner toutes les questions relatives aux applications des beaux-arts à l'industrie.

Cette Commission se composait ainsi qu'il suit :

MM. le marquis de Pastoret, *président.*
Gourlier, *secrétaire.*
Amédée Durand.
Barral.
Colla.
Chappelle.
Gauthier de Rumilly.
Huzard.
Le duc de Montmorency.
Salvetat.
Vilmorin.

La Commission avec son présidenl se transporta à l'École imperiale de dessin, afin d'assister aux exercices des élèves.

Plusieurs membres, hommes spéciaux et chefs d'industrie, interrogèrent ces jeunes gens, dont quelques-uns, attachés déjà à divers arts industriels, purent témoigner des avantages qu'ils retiraient du dessin de mémoire.

La Commission, paraissant très satisfaite de ce qu'elle avait vu et entendu, se disposait à se retirer, lorsque l'un de ses membres souleva une objection inattendue :

Il reconnaissait volontiers que les dessins exécutés en sa présence prouvaient une mémoire très remarquable, mais il demandait si d'habiles dessinateurs, doués, d'ailleurs, d'une grande mémoire naturelle, n'obtiendraient pas les mêmes résultats sans avoir été développés par la méthode.

En conséquence, il engageait la Commission à éclaircir ce point important par des expériences comparatives.

Il fut décidé que la Société d'encouragement ferait une démarche auprès de l'Ecole des Beaux-Arts, pour lui demander de choisir parmi ses élèves, afin de les mettre en concours avec les miens, ceux qui réuniraient au plus haut degré le talent acquis du dessin et le don de la mémoire naturelle.

L'École des Beaux-Arts transmit cette demande à deux de ses plus éminents professeurs.

L'un d'eux, M. Léon Cogniet, répondit par la lettre suivante, aussi remarquable par son caractère de bienveillance et de loyauté que par la netteté de ses appréciations :

Paris, 12 novembre 1852.

« Je regarde l'épreuve proposée comme superflue : je ne connais aucun de mes élèves capable de se présenter avec avantage dans un concours *d'imitation de mémoire* avec les élèves les plus exercés et les plus habiles de M. de Boisbaudran. Je ne puis donc inviter aucun d'eux à prendre part à une lutte inégale dont le résultat n'est pas douteux, lutte que moi-même personnellement, je n'accepterais pas.

« J'ai beaucoup exercé ma mémoire, et peut-être avec quelque fruit. J'ai souvent engagé mes élèves à le faire; mais ni eux ni moi ne l'avons fait avec assez de suite et de méthode pour prétendre, le modèle absent, à des résultats approchant autant de l'exactitude mathématique que ceux présentés par M. de Boisbaudran et constatés par l'Académie des Beaux-Arts.

« J'autorise M. de Boisbaubran à faire de cette déclaration l'usage qu'il jugera convenable.

« Léon Cogniet. »

Le second professeur[1] auquel l'Ecole des Beaux-Arts avait fait appel répondit à peu près, en substance, qu'il ne croyait pas ses élèves suffisamment préparés pour l'épreuve proposée, mais que, la trouvant, cependant, intéressante et instructive, il enverrait les jeunes gens de son atelier qui rempliraient le mieux les conditions voulues par la Société.

Il ne restait plus qu'à désigner le sujet du concours.

On fit choix d'une petite figure antique, qui venait d'être trouvée dans des fouilles et donnée par le roi de Naples au marquis de Pastoret ; elle était donc entièrement inconnue en France.

Les concurrents eurent pour tâche de la dessiner de mémoire après un temps d'observation égal pour tous.

Un second concours de même nature, et dans des conditions analogues, fut organisé entre mes élèves et ceux d'une des principales écoles communales de la ville de Paris.

J'espérais beaucoup de ces deux expériences, que je considérais comme très propres à répondre à une objection qui pouvait se produire souvent.

1. Picot.

Mes élèves établirent de la manière la plus évidente la supériorité de notre théorie et de notre pratique ; plusieurs de leurs adversaires furent réduits à une impuissance complète ; les plus heureux aboutirent à des dessins vagues, sans formes déterminées, et semblables à des rêves déjà presque effacés.

J'avais communiqué à la Commission quelques-uns de mes premiers essais sur la mémoire des couleurs, et bien qu'il n'y eût alors qu'un seul de mes élèves suffisamment exercé sur ce point, elle désira le mettre à l'œuvre. Il eut à peindre de mémoire un tapis dont les couleurs, très variées, se fondaient entre elles dans des dégradations extrêmement délicates.

Toutes ces nuances si difficiles furent rendues par la peinture de mémoire avec une fidélité et une vérité approchant de l'illusion.

Tous ces faits furent consignés dans un rapport de la Commission à la Société d'encouragement, qui décida qu'une médaille serait accordée à mes travaux, pour leur utilité industrielle.

J'aurais préféré n'avoir point à faire moi-même le récit des succès de ma méthode, mais il est indispensable de donner des preuves authentiques et officielles à l'appui de mes assertions. Entre un très grand nombre de témoignages importants, je citerai seulement celui d'un artiste illustre dont la renommée n'est point seulement populaire, mais universelle ; doué d'une merveilleuse mémoire, il a donné par ses œuvres mêmes la démonstration de l'utilité et de la puissance de cette précieuse faculté. Chacun a nommé M. Horace Vernet, et personne ne serait tenté de lui contester la plus entière compétence et même une autorité toute exceptionnelle sur la question de la mémoire pittoresque.

Je crois ne pouvoir mieux terminer ce travail qu'en reproduisant la lettre que M. Horace Vernet m'a fait l'honneur de m'écrire pendant un de ses derniers voyages, et dans laquelle il exprime en peu de mots son opinion sur le rôle de la mémoire et sur l'opportunité de cette publication.

« Château de Champagnete, ce 24 septembre 1860.

« Monsieur,

« C'est avec un grand plaisir que j'apprends, à mon retour d'une tournée en Bretagne, votre projet de publier une seconde édition de la *Mémoire pittoresque.* Je ne veux pas attendre mon retour à Paris pour vous exhorter à persévérer dans votre louable entreprise. Formuler par écrit le principe dont vous avez avec succès, fait usage dans les classes où vous professez depuis si longtemps, est le vrai moyen de généraliser un nouveau système d'étude propre à conserver, par le souvenir, ce qui est fugitif dans la nature ; c'est-à-dire l'expression, les mouvements rapides, les effets passagers, etc., qu'on chercherait vainement à reproduire avec le modèle dans l'atelier. Le secours de la mémoire est donc d'une haute importance ; déjà l'Institut vous a témoigné par son approbation qu'il admettait comme utile la direction que vous donnez dans ce sens à vos élèves.

« Et quant à moi, ayant fait usage de la mémoire de toute ma carrière d'artiste, j'ai des raisons toutes particulières pour être un de vos zélés partisans. Je vous engage donc très vivement à poursuivre la propagation de vos idées, qui sont dans la véritable voie du progrès et ouvrent à l'enseignement de l'art de nouveaux et vastes horizons.

« Croyez, mon cher M. de Boisbaudran, à mes sentiments les plus affectueux.

« Horace Vernet. »

III

Parmi les hommes éminents qui ont bien voulu m'approuver et m'encourager dans ce premier début, je puis citer (dans les arts) MM. Paul Delaroche, alors membre de l'Institut, professeur à l'École des Beaux-Arts ; Mérimée, sénateur, membre de l'Académie française et de l'Académie des inscriptions et belles-lettres ; Léon Cogniet, membre de l'Institut, professeur à l'Ecole Polytechnique ; Viollet-le-Duc, inspecteur général des monuments historiques ; Eugène Delacroix, membre de l'Institut ; le baron Taylor, membre de l'Institut ; Horace Vernet, membre de l'Institut, professeur à l'Ecole des Beaux-Arts ; Pradier, alors membre de l'Institut. (Dans les sciences) : MM. François Arago, alors secrétaire perpétuel de l'Académie des sciences, etc. ; Dumas, sénateur, alors doyen de la Faculté des sciences ; Chevreul, membre de l'Académie des sciences ; Gaudichaud membre de l'Académie des sciences ; Isidore Geoffroy Saint-Hilaire, membre de l'Académie des sciences, professeur au Muséum d'histoire naturelle.

Je ne puis, faute d'espace, mentionner tous les suffrages non moins honorables qui m'ont été accordés depuis cette première période de mes travaux, et dont je garde une égale reconnaissance.

IV

M. T. R. Way, ami intime de Whistler, nous raconte sa manière d'apprendre par cœur ses « Nocturnes ». Quand il étudiait une scène qu'il voulait se rappeler, il observait les points essentiels desquels dépendait l'effet. Puis il tournait le dos, et disant à M. Way : « Vois donc si j'ai bien appris ma leçon », il récapitulait à haute voix une description complète de ce qu'il avait observé, « comme on répéterait un poème appris par cœur », se retournant encore pour voir s'il n'avait rien oublié.

M. Way raconte aussi que quand il attirait l'attention de Whistler le même soir sur un autre effet, qui valait le premier : « Non, non, Tom, répondait-il, une chose suffit à la fois. »

Un autre ami ajoute que Whistler s'interdisait de penser à une impression jusqu'au moment précis de la peindre, car il prétendait que pour lui c'était le seul moyen de la conserver intacte.

Ce récit de M. Way montre que les méthodes de Lecoq ne sont nullement fantastiques, mais d'une utilité pratique. Et comme M. Way le déclare dans « Memories of James Mc neill Whistler », assurément cette méthode dérivait de Lecoq de Boisbaudran. M. Pennell dans sa « Vie de Whistler », fait remarquer que Whistler qui a été très lié avec Fantin, Legros et d'autres élèves de Lecoq, a subi l'influence de ce maître. L.

COUP D'ŒIL

SUR L'ENSEIGNEMENT DES BEAUX-ARTS

On s'est vivement préoccupé, dans ces derniers temps, des moyens de donner à l'art un essor nouveau, de lui imprimer un élan plus libre et plus élevé. Au moins a-t-on beaucoup parlé sur cet intéressant sujet. Des velléités d'innovation, ayant pour objet la refonte de nos anciennes institutions artistiques, étaient dans l'air. Elles avaient pénétré jusqu'aux régions officielles[1].

Cependant, les tentatives faites pour arriver à une régénération de l'art ne paraissent pas avoir obtenu de bien remarquables résultats. La cause principale de la médiocrité du succès ne serait-elle pas dans ce fait, que la protection administrative, non plus que les efforts des associations libres, fort utiles d'ailleurs aux intérêts et aux relations des artistes, n'ont que peu d'influence sur l'art lui-même ? On peut, sans doute, par de brillantes récompenses honorifiques et pécuniaires, stimuler, développer la production artistique ; on ne saurait de cette manière en élever le titre.

C'est dans l'éducation qu'il faut chercher les véritables moyens de rénovation et de progrès. Seul, le perfectionnement

1. Il ne faut pas oublier que cet ouvrage, sauf les notes qui le terminent, a été écrit en 1872. (Cette note ajoutée pour le lecteur de 1879, indique que Lecoq de Boisbaudran trouvait ses remarques de 1871 encore justifiées. Voir note A, p. 95. Qu'aurait-il dit aujourd hui quarante-deux ans plus tard ? L.)

de l'enseignement, qu'il ne faut pas confondre avec sa réglementation, nous permettrait d'atteindre le noble but de nos efforts.

Les nations étrangères semblent, maintenant, comprendre cette vérité, et nous avons pu apprécier à l'Exposition universelle de 1867 les efforts énergiques de leurs écoles. Malheureusement, leurs résultats les plus avancés, notamment ceux de l'école de Bavière, présentaient, à de rares exceptions près, une telle monotonie, que les nombreux dessins exposés semblaient procéder tous de la même conception et de la même main. Malgré la diversité des signatures, l'originalité faisait défaut. Cette absence complète d'individualité accuse un vice de méthode dont notre pays doit particulièrement se garder[1].

Au lieu de nous prévaloir des erreurs qu'ont pu commettre nos émules en éducation artistique, faisons un retour sévère sur nous-mêmes, et, pour corriger nos propres imperfections, entreprenons un examen sérieux des procédés de nos écoles.

Les enseignements spéciaux du dessin, de la peinture et de la sculpture sont donnés en France par l'initiative privée, par les municipalités et par l'Etat.

Je jetterai un rapide coup d'œil sur ces différents enseignements ; je signalerai quelques modifications essentielles qui me semblent pouvoir y être apportées, et j'indiquerai les principes qui devraient, à mon avis, leur servir de guide.

ENSEIGNEMENT PRIVÉ

L'ouverture des ateliers de l'Ecole des Beaux-Arts[2], qui date de sept ans à peine, a porté déjà une grave atteinte à l'enseignement particulier. L'Ecole des Beaux-Arts lui retire presque

1. Note A, p. 95.

2. En 1863, par suite du décret de 1863, qui enleva à l'Académie son contrôle du Salon et de l'Ecole des Beaux-Arts, on ouvrit des ateliers, qui existent encore. Jusqu'alors l'Ecole était simplement une Ecole de dessin. L.

tous ses élèves en recevant, sans aucun examen préalable, des jeunes gens à tous les degrés d'avancement. L'appât de ses récompenses et le prestige qui s'attache encore aux institutions officielles sont pour eux d'un attrait irrésistible. Aucun maître contemporain n'oserait ouvrir une école de peinture devant cette concurrence écrasante de l'État. Rien aujourd'hui ne saurait plus rappeler les ateliers de David, de Gros, d'Ingres ou de Léon Cogniet[1].

La lutte ne peut plus être soutenue que par l'association des efforts individuels et par la puissance des corporations. Celle des Frères de la Doctrine chrétienne est la plus considérable de toutes. Ses écoles sont nombreuses à Paris et répandues dans toute la France. Je me propose d'examiner plus tard la valeur de l'influence qu'elles y exercent.

Une institution très considérable, l'*Union centrale des Beaux-Arts appliqués à l'industrie*[2], s'est formée depuis quelques années par le concours désintéressé d'hommes de mérite et de dévouement. Elle est aujourd'hui la principale, presque l'unique manifestation de l'initiative privée ; elle mérite à ce titre un intérêt tout spécial.

Ainsi que son programme l'indique, cette utile association se propose de porter dans l'industrie, par l'influence de l'art, le goût, la distinction, l'élégance

Les expositions de l'*Union centrale* ont rendu un éminent service, en mettant sous les yeux du public les travaux de presque toutes les écoles de dessin de France. Il était de la plus grande importance, pour l'étude complète de la question d'enseignement, de pouvoir juger par les résultats eux-mêmes le mérite du professorat, la valeur des méthodes et des modèles[3].

1. Ceci n'est plus vrai du Paris d'aujourd'hui où abondent les académies particulières recevant des amateurs des deux sexes. L.
2. Fondée en 1863, devenue en 1882, l'Union Centrale des Arts Décoratifs.
3. Note B, p. 97.

Il faut le dire franchement, la plus grande partie des études exposées n'a point paru satisfaisante.

Si l'ensemble de ces résultats n'accusait qu'une marche un peu tardive ou une certaine faiblesse, il n'y aurait pas lieu de s'en affliger outre mesure ; il suffirait, pour tout réparer, de stimuler le travail. Mais le mal est plus profond, et, pour l'arrêter, il faut se hâter d'en signaler le principe.

Un défaut radical, partout le même, se fait remarquer dans la plupart des dessins exposés, quel que soit leur degré d'avancement et de difficulté. Ce défaut si grave, c'est l'absence complète de vérité, de sincérité, de naturel.

Les premiers débuts d'un élève peuvent être intéressants, malgré leur faiblesse, s'ils témoignent d'une recherche consciencieuse et naïve ; l'ingénuité prête souvent sa grâce à l'ignorance même. Malheureusement, rien ne présentait ce genre d'intérêt dans les nombreux dessins soumis au public. Des enfants annoncés avec une certaine complaisance, de petits phénomènes de douze ou treize ans, avaient déjà perdu la naïveté première, et subi des altérations essentielles dans leurs facultés artistiques.

Au lieu de montrer dans leurs premiers essais une hésitation modeste, indice d'un travail attentif et consciencieux, ils affirmaient déjà, avec un aplomb presque aussi outrecuidant que celui de leurs aînés, les formes les plus fausses, les effets les plus violents. Les causes qui produisent ces vices regrettables, si uniformément répandus, ne sont que trop faciles à reconnaître. Dans presque toutes les écoles on voit aujourd'hui en honneur des méthodes funestes, dont l'action, toujours la même, se reconnaît partout par les mêmes ravages.

Décomposer systématiquement en carrés, en angles et triangles toutes les formes de la nature jusqu'à la figure humaine, ne peut manquer d'altérer profondément chez les enfants, si impressionnables, la notion de la forme vraie. En supprimant ainsi toute grâce, toute flexibilité, toute délicatesse ; en imposant incessamment à l'attention de ces jeunes esprits des masses informes, des équarrissages grossiers, on a bientôt détruit dans son germe la fleur si délicate du sentiment de la beauté et de l'harmonie.

L'origine de ces tristes procédés d'enseignement remonte à une trentaine d'années environ, époque où parut l'étrange méthode, heureusement presque oubliée aujourd'hui, qui consistait à faire copier aux élèves, avec les ombres à l'estompe, une série progressive de blocs de plâtre. Le premier de ces blocs indiquait la masse d'une tête sans aucun des traits de la figure humaine. Dans le second bloc, quelques saillies taillées à angle droit figuraient la masse des traits les plus apparents du visage. Cette ébauche se dégrossissait graduellement dans chacun des blocs suivants, jusqu'au modèle final qui présentait, enfin, une tête d'homme à peu près reconnaissable. La copie de cette tête exécutée à l'estompe terminait la série d'études.

Ces belles inventions, prônées, exaltées par une presse amie, comme devant donner les résultats les plus prompts et les plus merveilleux, ne tardèrent pas à être accueillies et mises en pratique jusque dans les provinces les plus reculées.

Un ministre de cette époque les adopta comme constituant une méthode sérieuse et féconde, et en ordonna l'application dans les collèges de Paris. Les résultats de l'expérience officielle furent si concluants et de telle nature, qu'il fallut bientôt abandonner la méthode, et renoncer au succès si pompeusement promis [1].

Cette conception bizarre a été sérieusement modifiée depuis lors ; mais il est facile d'y reconnaître encore le point de départ et le principe d'un système de masses, d'angles et de carrés à outrance qui sévit encore trop souvent aujourd'hui.

1. Note C, p. 99.

Un élève suffisamment avancé doit, ainsi que l'artiste lui-même, commencer un dessin par en établir les masses, cela est incontestable ; c'est là ce qu'on peut appeler le premier degré dans l'exécution. Il n'en est pas de même dans l'ordre pédagogique. Le premier degré de l'enseignement du dessin est de préparer les facultés spéciales pour le dessin, notamment celles de l'œil et de la main, par des exercices propres à leur donner un premier degré de justesse et d'habileté, facultés indispensables à acquérir avant toute mise en œuvre.

Ce but est absolument manqué par des exercices dont l'effet est précisément de fausser les facultés artistiques. Mais il peut être atteint, il l'a été souvent par l'imitation sincère de modèles gradués, représentant les formes naturelles telles qu'elles sont, notamment la figure humaine, suivant les principes posés par Léonard de Vinci, ce grand homme dont le bon sens égalait le génie.

Les artistes qui commencent à enseigner tombent souvent dans une erreur d'ailleurs très naturelle ; les moyens qu'ils emploient de préférence pour l'exécution de leurs œuvres leur semblent, par cela même, les plus propres à l'enseignement. Beaucoup de peintres, par exemple, trouvent commode, pour la première opération de la mise en place, d'indiquer, non la forme réelle ou le contour des objets qu'ils copient, mais les effets produits sur ces objets par l'ombre et par la lumière. Supprimant alors presque entièrement l'usage du trait, ils établissent les teintes immédiatement. Or, l'artiste qui procède ainsi se livre, sans s'en apercevoir, à des abstractions, à des calculs qui lui sont devenus familiers et dont il comprend la raison et le but. Mais un élève commençant ne peut se rendre compte d'opérations aussi compliquées. Il importe, sous peine de le troubler profondément, en l'entraînant à agir sans comprendre, de lui indiquer toujours les moyens les plus simples, les plus directs et les plus naturels.

Il est toujours très dangereux, en éducation, de procéder du composé au simple, contrairement au principe le mieux établi, le plus élémentaire et le plus rationnel.

Ces erreurs de méthodes exagérées, propagées au loin sans mesure, sans correctif, sans explications, ont contribué, pour une part importante, aux fâcheux résultats qu'il nous faut constater aujourd'hui.

Les modèles doivent de toute nécessité s'accorder avec les méthodes. Ils en sont les moyens et les conséquences obligés. L'Union centrale nous en a montré quelques-uns exécutés avec talent et dignes d'éloges, mais le plus grand nombre était fort défectueux, et accusait une grande ignorance des conditions nécessaires de l'enseignement[1].

Non seulement la belle forme, mais la forme vraie, a complètement disparu de la plupart de ces modèles. Les contours des figures antiques, les plus fines et les plus pures, nous y sont représentés par des lignes brisées, des angles et des pointes aiguës. Toute courbe, toute flexibilité semble une licence à grand'peine tolérée ; telle est la mode. Chose étrange, dans un temps où l'on invoque plus que jamais l'exemple et l'autorité de Raphaël et des autres grands maîtres dessinateurs, les modèles destinés à former la jeunesse sont la contre-partie systématique du dessin des grands artistes, si animé, si vibrant, aux contours souples et onduleux, aux enveloppes savantes et accentuées dans le sens de la perspective et de la construction.

La contradiction n'est pas moins frappante s'il s'agit de la valeur des teintes et de l'effet. Au lieu des harmonies fines et sobres des grands coloristes, on nous présente les contrastes les plus heurtés du blanc et du noir.

Ferait-on autrement, si l'on se proposait de détruire radicalement toutes les délicatesses de l'œil ; quant à la manière de

1. Note D, p. 99.

faire de ces modèles, elle est, en général, peu intelligente : elle consiste, soit en teintes plates sans aucune accentuation du modelé, soit en hachures tellement compliquées et apparentes, qu'elles absorbent entièrement le temps et l'attention de l'élève.

Après la question des modèles, celle des professeurs. Il existe, sans doute, en province, des hommes instruits et expérimentés dans l'enseignement du dessin, qui auraient obtenu de très bons résultats avec des méthodes et des modèles moins défectueux. Plusieurs se sont montrés disposés à s'affranchir d'un joug aussi fâcheux, pour suivre leurs propres impulsions. Mais lorsque l'on connaît l'état d'inertie et d'asservissement intellectuels auquel une centralisation exagérée a réduit certaines provinces, on comprend l'impuissance de ces hommes de bonne volonté isolés, sans point d'appui, ne trouvant autour d'eux, la plupart du temps, qu'ignorance, préjugés et souvent jalousie hostile. C'eût été de leur part excès d'audace d'oser repousser des méthodes et des modèles venant de Paris, employés officiellement dans des établissements publics de la capitale. A ces hommes dignes de tout intérêt et capables de rendre à l'enseignement d'excellents services, l'*Union centrale* pourrait offrir un appui vraiment précieux et efficace.

D'autres professeurs, en plus grand nombre, ont suivi avec conviction ou indifférence le courant de la mode. Ils ont donné, dans leurs expositions, la mesure de leur savoir et de leurs efforts. Quels qu'aient été leur zèle et leur dévouement, ils n'ont pu enseigner que ce qu'ils avaient appris eux-mêmes, transmettre d'autres doctrines que celles qu'ils voyaient partout accréditées. L'empressement avec lequel plusieurs d'entre eux recherchent des renseignements et des conseils auprès de l'*Union centrale* ne laisse aucun doute sur la reconnaissance avec laquelle ils recevraient de sa part des notions saines, des instructions supérieures.

Venons aux écoles des Frères de la Doctrine chrétienne. Grâce à leurs ressources, à la confraternité qui les relie, à leur puissante organisation, ces écoles semblaient devoir obtenir, dans leur enseignement du dessin, une véritable supériorité. On se serait attendu à les voir perfectionner les méthodes, éditer de nouveaux modèles, donner de salutaires impulsions. Elles se sont contentées jusqu'ici de s'assimiler des idées connues, d'imiter les autres écoles.

La bonne volonté et le dévouement des frères professeurs sont incontestables, mais ils ne savent point assez inventer, imaginer, se montrer artistes véritables.

Les frères professeurs semblent manquer de la faculté créatrice.

L'*Union centrale* paraît donc destinée à devenir pour les écoles de province un centre d'informations, d'instruction et de conseils.

C'est là un grand et beau rôle que l'État n'a, jusqu'ici, disputé à personne. C'est une importante mission qui peut donner à l'*Union* une immense et légitime influence.

Mais la responsabilité est proportionnée à l'importance de la tâche. La confiance dont l'*Union* semble devoir être investie peut mettre entre ses mains une puissance salutaire ou funeste, suivant la valeur de ses conseils et de ses directions.

Il ne suffit point ici de bons désirs, de dévouement, de persévérance, il s'agit encore et surtout de connaissances spéciales; il est donc nécessaire de s'enquérir, de s'instruire, de s'éclairer complètement sur toutes les choses de l'enseignement du dessin pour pouvoir ensuite répandre la vraie lumière.

Il faut plus encore à l'*Union* pour rendre son influence vraiment bienfaisante et tutélaire : elle doit joindre à une grande largeur d'idées et de vues l'abnégation désintéressée qui écarte toute pensée de domination. Son titre et sa situation d'*Union centrale*, loin de l'entraîner à trop centraliser l'art et son enseignement, doivent l'aider à mieux combattre leur centralisation excessive, à sauvegarder leur indépendance.

Il n'y a que trop de tendance, aujourd'hui, à des directions unitaires, à des systèmes d'enseignements uniformes pour tous, également oppressifs pour l'élève et pour le professeur.

Au lieu de préconiser exclusivement une méthode, fût-elle la meilleure, il est préférable de poser largement les grands principes essentiels de l'enseignement dans lesquels toute méthode doit se renfermer, en permettant aux professeurs un certain choix, une certaine latitude. Il importe que chacun d'eux puisse apporter à la méthode adoptée les modifications qui lui permettent de la considérer comme sienne et personnelle. C'est par là seulement qu'il pourra trouver le ressort et l'entrain nécessaires pour l'accomplissement de sa tâche si ardue.

L'*Union*, ne doit jamais oublier qu'il importe de conserver à l'enseignement privé toute la variété, toute l'indépendance d'action qui lui sont propres, afin qu'on puisse y trouver, pour chaque organisation particulière, une liberté d'essor bien rare dans l'enseignement officiel. Lorsque l'État veut organiser l'éducation artistique, il est porté naturellement à appliquer les procédés administratifs habituels : la réglementation, la centralisation, l'unification, etc., etc.; or, de tels moyens, s'ils ne sont employés avec une très juste mesure, deviennent bientôt contraires au véritable esprit de l'art qui est tout indépendance et spontanéité.

ENSEIGNEMENT MUNICIPAL DE LA VILLE DE PARIS.

La ville de Paris n'a possédé pendant longtemps que deux écoles de dessin. Ce nombre, évidemment insuffisant, a été augmenté, tout d'un coup, dans une proportion excessive. Il eût été judicieux de prendre le temps nécessaire pour examiner préalablement l'état des méthodes, choisir ou former des professeurs : il eût été convenable de n'ouvrir de nouvelles écoles que successivement, à mesure que le besoin en aurait été réellement reconnu dans l'industrie. Il est à craindre maintenant que, par faute de prévision et de connaissance suffisante de la situation industrielle, on n'arrive à produire un fâcheux encombrement dans plusieurs professions, surtout dans celles qui peuvent convenir aux jeunes filles.

La peinture sur porcelaine, par exemple, offrait aux femmes, il y a quelques années, des ressources assurées, des gains relativement considérables; mais ces avantages ayant attiré un très grand nombre de travailleuses, il n'y eut bientôt plus d'ouvrage pour tout le monde, et les salaires subirent de telles diminutions, qu'ils devinrent tout à fait insuffisants à l'existence même la plus modeste.

Les choses laissées à leur pente naturelle, le mal ne serait sans doute pas aussi grave que si une cause accidentelle puissante vient le précipiter; aussi qu'arrivera-t-il aujourd'hui que vingt nouvelles écoles[1] ouvertes à la fois pour les jeunes filles, forment incessamment des élèves en grand nombre, toutes dirigées vers les professions qui passent pour être les plus prospères et les plus lucratives : la peinture des éventails, celle de la faïence, etc... ?

Quoi qu'il en soit, les nouvelles écoles sont maintenant installées, pourvues d'un personnel complet, et l'on doit, avant de les juger au point de vue de l'enseignement, leur laisser le temps de s'établir et de faire leurs preuves.

Il ne saurait donc être question aujourd'hui de modifications dans les écoles de la ville de Paris. Tout au plus pourrait-on tenter certaines expériences dans quelques écoles primaires, non certes pour y introduire l'enseignement du dessin, mais pour rechercher s'il serait possible de rendre les jeunes enfants plus aptes à le recevoir plus tard

L'enseignement primaire, tout en donnant aux enfants les

1. Cours libres subventionnés. L.

connaissances indispensables, devrait, à mon avis, s'appliquer d'une manière plus particulière à exercer leurs organes, à développer leurs facultés, de manière à rendre plus faciles les enseignements de la seconde éducation. Agir ainsi, ce serait imiter l'ouvrier judicieux qui, avant de se livrer sérieusement au travail, met en état les instruments dont il doit se servir.

Afin de simplifier cette question, si vaste en elle-même, je prendrai pour exemple la branche d'enseignement qui m'est plus spéciale, et je choisirai, parmi les organes dont on peut entreprendre et faire l'éducation, le sens de la vue, c'est-à-dire ici la faculté de déterminer par la vision la grandeur et la proportion des objets.

Toutes les personnes qui se sont consacrées à l'enseignement du dessin savent quelle difficulté persistante l'élève commençant rencontre dans l'appréciation des grandeurs.

Cette difficulté est telle, qu'à vrai dire, elle n'est jamais entièrement surmontée; non seulement les élèves, mais les artistes les plus habiles n'exécutent jamais sans un effort pénible cette partie de leur tâche qu'ils appellent *la mise en place ou la mise ensemble*; parce qu'il s'agit surtout, dans cette opération, de porter des jugements sur les dimensions relatives et sur les distances.

Or, il y a là en jeu une faculté qui ne se montre, peut-être, si rebelle que pour avoir été trop négligée dans le principe. A mon avis, l'éducation devrait agir sur elle dès le premier âge, afin de la soumettre plus tôt à une gymnastique fortifiante et graduée, qui en corrige, dès l'origine, les imperfections naturelles.

Je proposerais, à cet effet, d'introduire dans l'enseignement primaire, peut-être même dans les salles d'asile, certains exercices ayant pour but de développer, chez les enfants, la justesse du coup d'œil.

Ces exercices seraient d'une extrême simplicité ; en voici le spécimen :

Sur une feuille de papier ou sur un tableau noir serait tracée une ligne droite sur laquelle on indiquerait par deux points une grandeur métrique, soit un centimètre. Puis les enfants, munis d'un crayon, devraient, à tour de rôle, reproduire la même grandeur sur une autre ligne droite préalablement tracée. Dès que cette petite opération leur serait devenue familière, ils auraient à la répéter de mémoire, c'est-à-dire sans avoir sous les yeux le modèle de la grandeur à indiquer.

On ne tarderait pas, je l'espère, à fixer ainsi dans la mémoire des enfants le souvenir précis d'un centimètre, puis de plusieurs, du mètre entier, de plusieurs mètres, etc.

Il est impossible d'indiquer ici tout le développement, toute la variété que ces exercices pourraient recevoir. Ils s'appliqueraient bientôt à tous les objets qui seraient sous les yeux des enfants. On pourrait demander, par exemple, d'évaluer en mesure métrique les carreaux d'une fenêtre, la fenêtre elle-même; le rapport existant entre la hauteur et la largeur de la porte; la distance qui sépare entre eux les arbres du jardin; ces petites leçons, rendues facilement attrayantes, deviendraient bientôt des sujets d'amusement pendant les récréations et les promenades.

L'habitude ainsi acquise de se rendre compte des grandeurs, au moyen d'une unité de mesure empruntée aux mesures usuelles, et gravée dans la mémoire, donnerait à l'œil une méthode de jugement et une grande précision dans l'appréciation des proportions et des rapports des objets extérieurs; ce premier apprentissage deviendrait d'une grande utilité dans les différentes professions et industries auxquelles les enfants sont destinés.

Quant au dessin proprement dit, qui ne sent de quel secours lui serait cette préparation? Son enseignement se trouverait ainsi affranchi, du moins en partie, d'une de ses premières

1. Voir Appendice, p. 102.

difficultés, et l'on pourrait espérer pour l'avenir des résultats plus sûrs et plus prompts que par le passé.

Comme je n'ai jamais enseigné des enfants aussi jeunes que ceux des écoles primaires et des salles d'asile, je n'ai pu mettre en pratique les exercices que je propose; mais j'en soumets l'idée à l'examen sérieux des hommes de progrès et d'initiative, en la recommandant à leur attention toute particulière, au nom de leur sollicitude pour les progrès des jeunes générations.

ENSEIGNEMENT DE L'ÉTAT.

L'État donne l'enseignement artistique par l'École des Beaux-Arts et par l'École nationale de dessin [1].

L'École des Beaux-Arts est chargée des hautes études de la peinture, de la sculpture, de la gravure et de l'architecture.

L'École de dessin a pour mission d'enseigner : le dessin, la sculpture, les éléments d'architecture et les mathématiques, en vue de leurs applications à l'industrie.

Toutes les fois que l'administration a songé à organiser ces deux écoles, elle s'est toujours occupée de l'une ou de l'autre séparément, sans jamais manifester la pensée de les coordonner dans un plan d'ensemble et de régler leurs rapports réciproques.

De cette absence de vues générales, il devait naturellement résulter, entre deux établissements qui présentent de nombreux points de contact, des rivalités sourdes, des luttes latentes. Bien que procédant de la même administration, ils se sont souvent nui l'un à l'autre au lieu de se prêter un mutuel appui.

Dans ces derniers temps, l'École des Beaux-Arts a recruté

1. Aujourd hui Ecole des Arts décoratifs.

presque entièrement ses ateliers dans les rangs des élèves de l'École de dessin, avant même qu'ils y aient achevé leurs études élémentaires. En agissant ainsi, elle a porté un coup funeste à son émule. Elle s'est frappée elle-même d'une manière non moins grave, détruisant ainsi la pépinière qui lui avait presque toujours fourni ses meilleurs sujets.

On a souvent répété que l'École de dessin ne devait nullement préparer des jeunes gens pour les Beaux-Arts, son but étant uniquement d'instruire des ouvriers et de former des artistes industriels. Mais les élèves, quel que soit l'art auquel ils se destinent, ayant tous besoin d'une même éducation première, sont venus, presque sans exception, la chercher à l'École de dessin depuis sa fondation, malgré ses statuts et ses règlements. Ne serait-il pas judicieux de tenir compte d'un fait aussi persistant, de l'accepter franchement, au lieu d'opposer d'impuissants obstacles au cours naturel des choses ?

La question d'organisation des écoles pourrait alors être résolue d'une manière à la fois plus facile et plus complète. Cette solution serait, à mon avis, obtenue par une combinaison très simple qui, en assignant à chacune des deux écoles ses attributions propres, ferait converger des efforts jusqu'ici incohérents vers un but commun et supérieur.

Si l'État doit continuer à se charger de l'enseignement des arts, ce que l'on pourrait appeler son appareil enseignant pourrait toujours se composer de l'École des Beaux-Arts et de l'École de dessin; mais ce dernier établissement devrait s'augmenter d'une nouvelle section destinée aux applications industrielles et décoratives.

L'École de dessin pourrait prendre le titre de Centrale, parce que ses études, essentiellement fondamentales, conduiraient à toutes les applications du dessin en général, soit aux Beaux-Arts, soit à l'industrie; elles prépareraient à toutes les écoles publiques ou particulières. Cette institution remplirait ainsi une place et une fonction véritablement centrale et nécessaire dans l'éducation des arts[1].

Devenue Centrale, l'École de dessin devrait poser nettement en principe qu'il ne saurait y avoir deux sortes de manière d'enseigner le dessin, l'une supérieure, pour l'art proprement dit; l'autre inférieure, pour l'industrie.

Un seul et même enseignement comprenant depuis les premiers éléments jusqu'aux développements les plus élevés, serait donné à tous les élèves indistinctement. Chacun d'eux pourrait le suivre jusqu'à des degrés différents d'avancement, selon ses aptitudes ou les exigences de l'art qu'il aurait choisi.

L'attraction exercée sur les jeunes gens par la carrière des beaux-arts est si vive qu'il n'est besoin d'aucune excitation pour les engager à la choisir. Il faut plutôt s'efforcer de les retenir et les empêcher de céder trop facilement à des entraînements souvent irréfléchis et sans vocation qui peuvent leur préparer de cruels mécomptes. Des épreuves très sévères et très concluantes devraient donc défendre les abords de l'École des Beaux-Arts contre tous ceux qui ne pourraient prouver, à la fois, une très forte instruction acquise et de véritables aptitudes naturelles.

Il serait d'ailleurs conforme au rôle élevé de l'École des Beaux-Arts de n'admettre que des élèves distingués, capables de suivre avec fruit un enseignement supérieur. Elle devrait, dans son intérêt bien compris, dans celui de l'art lui-même, cesser d'encourager la foule des artistes médiocres par la facilité regrettable de ses admissions.

L'industrie, au contraire, manquant souvent, aux yeux des jeunes gens, de prestige et de séduction, il importerait d'en rendre, autant que possible, les avenues faciles et attrayantes. La création de la section annexe dont je viens de parler concourrait puissamment à ce résultat.

1. Note E, p. 100.

Grâce aux travaux variés qu'elle exécuterait dans l'École même, les jeunes gens, tout en s'instruisant dans les divers arts du dessin, auraient continuellement sous les yeux des applications industrielles de leurs études qui solliciteraient leur attention et exciteraient leur intérêt.

Des vocations qui se seraient ignorées elles-mêmes pourraient ainsi se révéler; des professions dont l'existence aurait pu demeurer inconnue deviendraient l'objet du choix des élèves, s'adressant aux aptitudes naturelles des uns, séduisant les autres par la facilité de leur accès.

Persuadé des avantages qui résulteraient de cette adjonction à l'École de dessin, d'une section spéciale pour les études et les applications industrielles, je me propose de développer cette idée et d'étudier l'organisation que comporterait son application dans un travail à part sur ce sujet[1]. Cette étude se rattachera directement à des travaux et à des expériences qu'il m'a été donné de poursuivre pendant de longues années. Je continuerai, en attendant, à présenter ici quelques réflexions sur l'éducation artistique en général et sur l'École des Beaux-Arts en particulier.

ÉCOLE DES BEAUX-ARTS

Je n'examinerai ici ni les probabilités ni la valeur des différentes modifications que l'administration pourrait, dans l'avenir, faire subir à l'École des Beaux-Arts, soit qu'elle se décide à la suppression des ateliers[2], en aidant les professeurs en exercice à les convertir en ateliers particuliers, soit qu'elle préfère aller jusqu'à transformer l'École en une sorte de collège de France des beaux-arts, ouvrant à tous des conférences, des cours oraux destinés à instruire et à former le public en même

1. Note F, p. 101.
2. Voir note, p. 66.

temps que les artistes; je n'examinerai même pas les détails d'organisation de l'École, telle que nous la voyons aujourd'hui. Il me semble préférable de poser les principes généraux qui, à mon avis, doivent dominer dans la question de l'éducation artistique.

Chacun pourra librement apprécier ces principes. Je laisse à ceux qui les approuveraient le soin d'en tirer eux-mêmes un jugement sur l'École actuelle et sur les divers changements qui pourraient lui être apportés.

Voici ces principes et quelques définitions qui en sont les corollaires.

L'art, dans l'acception qui nous occupe, est un mode d'expression, par la forme et par la couleur, du sentiment de l'artiste.

L'artiste de haut titre est animé du sentiment passionné du beau; véritable amant de la nature, il n'en voit pas les imperfections et découvre en elle des beautés qui échappent à l'œil de l'indifférent. Il les idéalise et les combine dans ses œuvres en leur donnant l'empreinte de sa personnalité.

Le sentiment artistique, comme tout sentiment en général, est essentiellement personnel. Il varie donc, suivant la nature des hommes qui l'éprouvent; de là l'immense diversité des acceptions de l'art, depuis les conceptions grandioses d'un Phidias, d'un Raphaël, d'un Titien, jusqu'aux fictions légères d'un Watteau, jusqu'aux fougues sauvages d'un Salvator ou aux fantaisies grotesques d'un Callot.

Ces hommes si divers sont tous artistes, bien qu'à des degrés très différents, parce qu'ils ont observé la nature avec une égale sincérité, suivant les diversités de leur sentiment personnel. Chacun d'eux a su, par la puissance de son exécution, nous communiquer des impressions que seul il pouvait ressentir. En nous révélant un aspect particulier, une nouvelle interprétation de la nature, une conception qu'elle leur a inspirée; en nous la montrant plaisante ou terrible, aimable ou sublime, ces maîtres ont ennobli ou charmé nos âmes, récréé nos esprits, varié et multiplié nos jouissances les plus délicates et les plus élevées. Le moindre d'entre eux a sa raison d'être, sa place légitime dans la série artistique ; son absence y laisserait une lacune.

L'art compris dans son ensemble se compose donc, non seulement de ses manifestations supérieures, mais encore de toutes celles qui portent l'empreinte d'une conviction individuelle et passionnée. Ces manifestations, quelque nombreuses et magnifiques qu'elles aient été dans le passé, restent inépuisables dans l'avenir, les nuances des sentiments humains auxquelles elles correspondent étant infinies et toujours nouvelles.

Des considérations qui précèdent, je crois pouvoir déduire logiquement les formules suivantes :

L'ART EST ESSENTIELLEMENT INDIVIDUEL. — L'INDIVIDUALITÉ FAIT L'ARTISTE.

D'où résulte cette conséquence :

TOUT ENSEIGNEMENT, POUR ÊTRE VRAI ET RATIONNEL, DOIT SE PROPOSER DE CONSERVER, DE DÉVELOPPER ET DE PERFECTIONNER LE SENTIMENT INDIVIDUEL DE L'ARTISTE.

Guidé par ces principes, il devient facile de juger sans passion et sans partialité les différents procédés d'éducation artistique qui se sont succédé jusqu'ici et ceux qui pourront être proposés à l'avenir.

Appliquons notre critérium à l'École des Beaux-Arts.

L'École des Beaux-Arts s'est donné pour mission, dès son origine, de conserver et de transmettre les belles traditions de l'antiquité et des grands maîtres. Mais ses doctrines, vraiment classiques dans le principe, ne tardèrent pas à s'altérer sous l'influence des académiciens qui se succédèrent à la tête de l'École française et présidèrent à l'enseignement de la jeunesse pendant la fin du siècle dernier. C'est alors que David, au nom des traditions antiques, vint repousser, sous la désignation d'académiques, les doctrines que l'École prétendait imposer.

Il osa déclarer hautement l'enseignement officiel faux et dangereux; bien plus, il défendit à ses élèves d'en rechercher les récompenses. Les concours lui paraissaient une sorte de filière dans laquelle les jeunes gens ne pouvaient impunément s'engager sans y laisser quelque chose de leur sentiment original et de leur naïveté.

Nous n'examinerons pas si David respectait complètement lui-même le sentiment auquel il attachait tant de prix ; constatons seulement ce qu'il y avait de juste dans l'appréhension que lui inspiraient les concours, en reconnaissant qu'ils n'ont point cessé, depuis lors, d'entraîner les inconvénients que redoutait ce grand artiste.

Les jeunes gens qui suivent les concours font tous leurs efforts, et cela est bien naturel, pour obtenir les récompenses qui y sont attachées. Malheureusement le moyen qui leur semble généralement le plus sûr et le plus facile, c'est d'imiter les ouvrages précédemment couronnés, que l'on ne manque pas d'exposer avec honneur et apparat, comme pour les proposer en exemple et bien montrer la route qui conduit au succès.

A-t-on compris toute la portée de ces incitations, en voyant le plus grand nombre des concurrents abandonner leurs propres inspirations pour suivre servilement ces données recommandées par l'École et consacrées par la réussite ?

J'en appelle à tous ceux qui ont fréquenté l'École des Beaux-Arts : les choses ne s'y passent-elles pas le plus souvent ainsi ? Ce qui est plus triste encore, n'y entend-on pas fréquemment des élèves déclarer que, s'ils cherchent à imiter la manière et le style de tel ouvrage récompensé, ce n'est pas pour l'estime qu'ils en font ? Ils sentent fort bien, disent-ils, qu'ils entrent dans une voie contraire à leur goût, à leur sentiment intime ; ils se promettent de redevenir eux-mêmes aussitôt le prix obtenu. Mais la conviction de l'artiste est une véritable foi ; elle ne se prête pas, sans une sorte d'apostasie, à ces tristes calculs.

Aussi bien que l'honneur, la conscience artistique

> « ... Est comme une île escarpée et sans bords ;
> On n'y saurait rentrer dès qu'on en est dehors. »

Le mal ne serait pas irrémédiable, si le jeune concurrent remportait le grand prix dès sa première tentative. Mais qui pourrait compter sur une telle fortune ? La poursuite du grand prix de Rome absorbe toujours plusieurs années, souvent la jeunesse tout entière d'un artiste[1]. Sauf de très rares exceptions, on n'arrive à la simple admission au grand concours, c'est-à-dire à l'entrée en loge, qu'après de longues études dirigées exclusivement vers ce but ; c'est la durée de cette préparation antinaturelle qui la rend si dangereuse pour la conservation des qualités originales.

Les élèves qui s'y attardent finissent par ressembler à certains aspirants bacheliers, plus soucieux du diplôme que du vrai savoir.

Deux épreuves sont exigées pour l'admission en loge : une esquisse ou composition sur un sujet donné, et une figure peinte d'après nature. La préparation à ces deux épreuves devient l'unique préoccupation des jeunes gens. Ils ne veulent point d'autres études que la répétition journalière de ces esquisses et de ces figures banales, toujours exécutées dans les dimensions, dans les limites de temps et dans le style habituels des concours.

Après des années entières consacrées à de tels exercices, que

1. Comme aujourd'hui, il fallait ne pas avoir trente ans accomplis au 1er janvier de l'année où s'ouvrait le concours. L.

peut-il rester des qualités les plus précieuses? Que deviennent dans ces jeunes âmes, la naïveté, la sincérité, le naturel ? Les expositions de l'École des Beaux-Arts ne le disent que trop.

Parfois certains concurrents imitent le style de leur maître ou celui de tel artiste célèbre, d'autres cherchent à s'inspirer d'anciens lauréats de l'École, ceux-ci se préoccupent des derniers succès du salon, ceux-là de quelque œuvre qui les aura vivement impressionnés.

Ces différentes influences peuvent donner à quelques expositions une variété apparente, mais rien ne ressemble moins à la diversité réelle et au caractère original des inspirations personnelles.

Souvent, hâtons-nous de le dire, certains ouvrages exposés montrent beaucoup de talent et d'habileté, mais il s'y rencontre bien rarement ce que l'on s'attendrait surtout à trouver chez des jeunes gens, ce qui inspirerait le plus d'intérêt et d'espérances : la verve primesautière, la naïveté, la fraîcheur des impressions ; en un mot, la jeunesse !

A quelle cause attribuer un fait aussi général, aussi peu naturel, si ce n'est à un régime contraire à la libre éclosion de l'individualité[1] ?

J'ai signalé déjà de fâcheux inconvénients attachés aux concours, ils en entraînent encore d'autres non moins graves ; ils tendent à habituer les jeunes gens à chercher dans l'art, non les nobles et pures jouissances du culte du beau, mais des avantages d'amour-propre ou d'intérêt.

Comment adresser un reproche à ce sujet à la génération actuelle ? comment accuser les artistes contemporains de faire de l'art une affaire, un moyen d'obtenir la fortune et les honneurs, d'établir, par leur défaut de conviction, une différence

1. Il ne s'agit pas seulement ici des expositions des concours pour le prix de Rome, mais encore de celles qui réunissent chaque année les travaux de tous les ateliers de l'École.

radicale entre notre temps et les époques de foi artistique ?

L'enseignement, sans paraître le comprendre, n'a-t-il pas lui-même porté la première atteinte à la conscience de la jeunesse, ne l'a-t-il pas poussée dans la voie corruptrice?

Je n'ignore pas à quel point on a généralement confiance dans l'utilité des luttes émulatives ; c'est précisément pourquoi je crois devoir insister sur les inconvénients que peut entraîner leur emploi excessif et irréfléchi.

Dans les écoles primaires, dans les collèges et dans les lycées, les compositions et les prix ont l'incontestable avantage d'exciter l'émulation, de stimuler les natures les moins douées ou les plus rétives. Il s'agit alors d'agir sur les masses les plus nombreuses possible; car l'État n'aura jamais trop de citoyens instruits.

Il n'en est pas de même pour une école des beaux-arts. Là, le grand nombre des élèves n'est nullement à désirer. Les dispositions, les talents remarquables doivent seuls être admis. Une élite d'élèves, sûrement éprouvée, n'a pas besoin d'excitants factices. Si ceux qui la composent possèdent réellement l'organisation artistique qui les a fait accueillir, ils ont en eux les véritables ressorts, les éléments essentiels, qui sont l'amour de la nature et de l'art, l'enthousiasme, les convictions ardentes.

Avec de tels élèves, les concours ne sont pas seulement inutiles, ils sont dangereux; ils viennent troubler ces jeunes talents dans leur développement naturel par de vaines préoccupations de lutte et de rivalité. Le but que doit se proposer un jeune et véritable artiste n'est pas de l'emporter sur des rivaux, mais bien de se surpasser constamment lui-même par le développement progressif de ses aptitudes natives.

Faut-il conclure, de ce qui précède, que tous les concours doivent être supprimés ? Aucune suppression, à mon sens, ne doit se faire brusquement. Les modifications les plus désirables doivent être mûrement préparées. Il faut donc conserver, pour le moment, dans nos écoles d'art, les récompenses devenues les seuls mobiles des élèves ; elles demeureront nécessaires jusqu'au temps où l'on aura su créer de plus puissantes et de plus nobles attractions.

S'il s'agit des écoles élémentaires de dessin, les prix y seront toujours très utiles. Eux seuls peuvent agir efficacement sur les très jeunes élèves qui suivent les premières études. A leur âge, les idées et les sentiments d'ordre supérieur sont encore trop peu développés pour qu'il soit possible de leur faire appel.

Quant aux concours pour le prix de Rome, si, comme on peut le penser, il est encore longtemps maintenu, il serait, sans doute, possible d'en diminuer beaucoup les dangers.

Pour y parvenir, on devrait commencer par déclarer hautement l'ère des anciens concours terminée, et persuader aux jeunes artistes qu'il ne s'agit plus pour eux de s'assujettir à de serviles conventions, mais bien d'exprimer avec liberté et sincérité ce que la nature leur inspire.

Il faudrait ensuite faire en sorte que les élèves ne connussent jamais à l'avance les conditions des programmes, quant au genre et au style du sujet, ainsi qu'aux dimensions et à la durée fixées pour l'exécution. Les sujets devraient donc être extrêmement variés, d'année en année, et toujours inattendus. On demanderait inopinément aux sculpteurs, des bas-reliefs ou des rondes-bosses dans des conditions et pour des destinations variées. Les peintres devraient exécuter, tantôt des tableaux, des peintures décoratives ou des cartons, dans des grandeurs ou des formes toujours imprévues.

On pourrait employer un autre moyen plus radical encore; il consisterait à donner le grand prix à l'école qui, pendant l'année scolaire, dans l'Ecole même, et par sa propre initiative, aurait produit l'ouvrage le plus remarquable, et donnant le plus d'espérance.

Il serait désirable de pouvoir quelquefois, dans le même concours, récompenser par des prix égaux des ouvrages de valeur égale, mais différents de style, afin qu'il fût bien établi que les prix peuvent être obtenus de diverses manières.

Par l'application de ces différentes mesures, l'École des Beaux-Arts pourrait peut-être garantir ses concours des graves inconvénients qui s'y sont souvent produits.

Il existait encore, il y a quelques années, un prix de Rome pour le paysage. Tous les jeunes paysagistes, ambitionnant vivement ce prix, s'évertuaient à se pénétrer du style exigé, que l'on appelait alors le style *historique*. Ils ne recherchaient, pour leurs études d'après nature, que des sites rappelant les compositions du Poussin ; ils ne choisissaient que des ciels, des rochers, des arbres ayant le style *historique*. Mais, la nature se prêtant rarement à de telles exigences, ils s'efforçaient de l'arranger, ou plutôt de la mutiler, afin de lui donner le caractère *historique* de rigueur. De là une telle absence de vérité et d'initiative, une répétition si fastidieuse des mêmes formes prétentieuses et conventionnelles, enfin un tel ennui, un tel dégoût, que prix et concours furent définitivement supprimés[1].

Cette grande détermination prise, les jeunes gens, affranchis d'une constante et funeste préoccupation se mirent à étudier la nature simplement, sans parti pris, avec le seul désir d'exprimer les impressions qu'ils en recevaient. Déjà, d'ailleurs, plusieurs artistes éminents dans la même branche de l'art leur avaient montré l'exemple, en se frayant de nouvelles voies en dehors de l'influence des concours et de la routine.

Voilà comment nous avons aujourd'hui une école de paysage riche, variée, vivante, dont le pays s'honore à juste titre.

Il faut rendre cette justice à l'ancienne École des Beaux-Arts, qu'elle s'est toujours efforcée d'élever le niveau des études en

1. Girard était le dernier titulaire en 1861. Ce concours fut institué en 1817. L.

s'appuyant sur les belles traditions. Mais les grands maîtres qu'elle présentait incessamment comme exemple, ne se contentaient pas de la tradition transmise par leurs prédécesseurs. Pour être créateurs à leur tour, ils savaient la combiner avec les éléments que leur présentait leur époque.

Phidias trouva établies des traditions très belles dans leur principe, mais épuisées, immobilisées, par l'entrave des conventions. Il leur rendit la vie, en les alliant, dans ses œuvres, à la fois si vraies et si grandioses, aux magnifiques réalités dont la Grèce lui présentait le spectacle. Ne semble-t-il pas, en admirant les cavaliers du Parthénon, que Phidias les a vus passer dans les rues d'Athènes? Au temps de la Renaissance, alors que Raphaël s'inspirait avec enthousiasme des chefs-d'œuvre antiques nouvellement découverts, il pénétrait son style de leur grandeur et de leur beauté et aussi des types et de la vie de son temps.

Les grands artistes vénitiens avaient sans cesse devant les yeux le luxe, les fêtes, l'éclat des costumes de soie et de brocard; les vives impressions qu'ils recevaient de cette richesse d'effets et de couleurs ne se retrouvent-elles pas dans les splendides peintures des Titien et des Véronèse, mêlées au souvenir des grandes œuvres qui s'étaient produites avant eux?

Partout nous voyons, chez les grands maîtres, l'alliance de la tradition et de la nature vivante. L'École des Beaux-Arts a été incomplète parce qu'elle s'est préoccupée exclusivement de la tradition. Sans doute, elle a cru rattacher suffisamment son enseignement à la nature, par le dessin d'après le modèle vivant, erreur partagée, du reste, par toutes les autres écoles de son temps.

L'étude du modèle vivant est certes d'une utilité incontestable; mais elle ne peut être acceptée comme l'étude de la nature entière. Un modèle affaissé par la fatigue de la pose, éclairé par le jour monotone de l'atelier, ne peut donner aucune idée de l'homme agissant spontanément, à l'air libre, à la lumière du ciel et en pleine campagne.

Il faut le reconnaître, les aspects pittoresques de la nature vivante et en action ne peuvent être saisis que par une observation très rapide, et les impressions qu'en reçoivent généralement les jeunes gens qui n'ont point été convenablement préparés, sont trop fugitives pour leur être d'une grande utilité pratique. Il était donc nécessaire, pour rendre possible l'étude de la nature animée, d'obtenir préalablement un développement suffisant des facultés de l'observation et de la mémoire.

Les travaux auxquels je me suis livré à ce sujet et les résultats obtenus pourraient permettre d'introduire dans les écoles d'art publiques ou privées, une étude beaucoup plus complète que par le passé; ils ouvriraient aux jeunes artistes le champ immense et presque inexploré de l'action vivante, des effets changeants et fugitifs.

J'ai publié, il y a quelques années, sous ce titre :

Education de la mémoire pittoresque, un travail tout spécial sur cette question. J'en signalerai surtout un chapitre intitulé : *Enseignement supérieur*[1]. Ce chapitre débute par le récit de plusieurs expériences dans lesquelles mes élèves ont pu observer d'abord, puis dessiner et peindre de mémoire quelques modèles nus ou drapés, non point posant sur une table, mais laissés à toute la liberté de leurs mouvements, en plein air, au milieu d'un parc, donnant de cette manière ce que l'atelier ne saurait offrir : l'étude de la figure humaine développée, ennoblie par l'action, variée par ses combinaisons infinies avec les formes, les couleurs, les effets de la nature ambiante. Dans ces leçons pittoresques et vivantes, l'observation, l'imagination des jeunes gens trouveraient pour l'art élevé, des matériaux que présentent bien rarement les aspects de notre civilisation moderne. De

1. Voir p. 42.

tels exercices devraient devenir le couronnement des hautes études artistiques. Ils tendraient, non à donner à tous les élèves un même grand style déterminé, mais à inspirer à chacun d'eux un grand style qui lui serait propre.

En terminant ici cet exposé sommaire de mes opinions et de mes vues sur l'enseignement, je tiens à déclarer que je ne prétends nullement proposer l'application immédiate de mes idées à l'École des Beaux-Arts ni à aucune des autres écoles, telles qu'elles existent maintenant. Pour que ces idées puissent produire d'heureux résultats, il ne suffit pas que les élèves auxquels elles seraient appliquées aient été préalablement préparés sous le rapport de la mémoire, il faut encore que l'organisation naturelle, le sentiment original de chacun d'eux n'aient pas été faussés et corrompus par de vicieuses méthodes, par les abus qu'entraînent souvent les concours, ni par toute autre influence délétère.

Il se trouve sans doute encore, dans les écoles, des sujets d'élite échappés à la contagion; mais rendre simples et naïfs ceux qui ont depuis longtemps cessé de l'être, rien ne serait plus difficile; il faudrait leur refaire une sorte de virginité artistique.

C'est pourquoi, bien persuadé que ma méthode rencontrerait difficilement aujourd'hui les conditions nécessaires à son succès, je ne viens pas demander sa brusque introduction dans nos écoles publiques. Je crois préférable d'appeler l'attention, d'une manière générale, sur l'enseignement des beaux-arts, me contentant de soumettre aux hommes éclairés, que préoccupe justement cette intéressante question, le contingent d'observations, d'idées et de principes qu'une longue pratique du professorat m'a permis de rassembler.

ÉPILOGUE

Depuis quelque temps de nouvelles méthodes de dessin se présentent en grand nombre, chacune d'elles affirmant la supériorité de ses procédés et de ses résultats, et sollicitant de l'État ou de la ville une adoption exclusive.

Pour choisir avec certitude et connaissance de cause parmi ces théories diverses et rivales, ne faudrait-il pas, contrairement à ce qui a eu lieu jusqu'ici, procéder à l'examen et à l'adoption des méthodes d'une manière régulière et rationnelle afin d'éviter les faux jugements si fréquents sur ce sujet ?

Ces erreurs très regrettables dans le passé seraient plus fâcheuses encore aujourd'hui si l'on fondait, comme il en a été question, une école normale destinée à former des professeurs de dessin. L'idée de cette fondation est sans doute excellente, mais à la condition d'être étudiée et bien comprise, car elle pourrait conduire également à répandre la lumière ou l'erreur non seulement parmi la jeunesse de notre temps, mais encore chez la génération suivante.

Il faut avant tout, pour former des professeurs, être bien fixé sur la doctrine qu'on veut leur enseigner.

Or, pour porter un jugement assuré sur ce sujet, il est indispensable d'expérimenter et de comparer les méthodes. C'est précisément ce qui ne se fait pas d'habitude; une nouvelle méthode est le plus ordinairement adoptée, sans avoir subi l'épreuve de la pratique, et elle devient, par le fait de son acceptation officielle et de son établissement dans toutes les écoles publiques, un monopole qui ne permet à aucune autre méthode de se produire.

En rendant ainsi impossible la comparaison entre les différents modes d'enseignement, on supprime le seul moyen de les apprécier d'une manière certaine et de reconnaître la valeur des innovations les plus pratiques et les plus utiles. Ne serait-il pas temps pour l'enseignement du dessin, de sortir de cet état stationnaire dans lequel il se trouve enfermé?

Pour qu'il puisse se raviver et entrer dans voie progressive, il nous paraît désirable de décider tout d'abord qu'à l'avenir, les nouvelles méthodes qui paraîtraient dignes d'intérêt, fussent admises à faire leurs preuves par des expériences comparatives. Les nombreuses écoles de la ville et de l'État offriraient, pour ces intéressantes recherches, un champ des plus favorables.

Les inspecteurs chargés de surveiller les études dans ces établissements, recevraient une nouvelle mission très simple et très utile. Ils n'auraient point à gêner les professeurs expérimentateurs dans leurs enseignements, mais seulement à constater s'ils suivent fidèlement le programme de la méthode qu'ils viennent appliquer. Ce programme devrait être très précis et indiquer les principes et le but particuliers à la méthode, la nature et l'ordre de ses exercices, les conditions nécessaires, indispensables à son succès. En éclairant ainsi la question, on écarterait toute équivoque et l'on assurerait la sincérité si nécessaire à l'appréciation de nouvelles théories. Aucun changement, aucune amélioration aux méthodes ne seraient empêchés, mais il en serait pris note exactement; toute fraude, alors, deviendrait impossible. On ne pourrait, par exemple, emprunter, sans l'avouer, des moyens d'enseignement à d'autres méthodes, pour masquer une déconvenue.

Les expériences ne pouvant plus être faussées, deviendraient enfin réellement instructives et concluantes. C'est seulement après y avoir été soumises dans ces conditions sincères, que les méthodes pourraient être jugées et adoptées avec certitude. Alors, cette adoption, résultant d'épreuves positives et régulières, cesserait d'être, comme il s'est vu trop souvent, une affaire de réclames, d'engouement ou de faveur.

NOTES DE L'ÉDITION DE 1879

Bien que la présente édition fût depuis quelque temps réclamée, j'avais cru devoir en suspendre la publication jusqu'à l'ouverture de l'Expostion universelle de 1878. Il me semblait indispensable de savoir d'abord, afin d'en tenir compte, si cette grande manifestation de tous les progrès accomplis signalerait quelques perfectionnements dans l'éducation des beaux-arts. Après un examen attentif des travaux exposés par les écoles, j'ai pu bientôt constater qu'aucun résultat nouveau, aucun changement de réelle importance ne s'était produit pendant ces derniers temps, dans les études artistiques.

Quelles sont les causes qui entravent les progrès de ces études? Quels sont les moyens qui pourraient leur imprimer un nouvel essor? Ce sont là, précisément, les questions traitées dans le travail que l'on a bien voulu m'engager à reproduire et auquel l'état actuel de l'enseignement semble conserver toute son opportunité.

Je me suis donc décidé à en donner une édition nouvelle en y ajoutant seulement les quelques notes qui suivent.

NOTE *A* (de p. 66).

A. Les écoles de dessin étrangères ont envoyé à notre grande Exposition de 1878 un si petit nombre de spécimens de leurs études, qu'il est impossible de porter un jugement sur leur valeur relative. Nous le regrettons sincèrement, nous aurions aimé à revoir toutes les écoles qui ont figuré à l'Exposition de 1867, particulièrement celle de

1. Il paraît que les spécimens des etudes de l'École exposés par Lecoq de Boisbaudran à l'Exposition internationale de 1867, furent mis hors concours. Selon le comte de Nieuwerkerke ils étaient bien supérieurs à tous autres concurrents, et comme qualité et comme variété individuelle. L.

Bavière, à laquelle on avait décerné le grand prix[1], tout en regrettant l'aspect peu varié de ses travaux.

Ce reproche d'uniformité pouvait s'adresser aussi à notre enseignement national et je signalais, sur ce point, dès cette époque un danger menaçant pour l'avenir. Mes craintes étaient-elles fondées? On peut en juger aujourd'hui.

Ce qui frappe tout d'abord lorsque l'on visite à l'Exposition de 1878 les travaux des écoles françaises de dessin, c'est la monotonie de ces résultats. Sans doute, si l'on compare entre eux chacun des dessins exposés, on y reconnaît quelques nuances dans les degrés de force et d'avancement, mais il est impossible d'y trouver aucune différence appréciable quant à la manière de faire et de sentir. Partout le même aspect, le même procédé d'exécution uniforme, la même et complète absence d'initiative personnelle, d'ingénuité, d'invention indépendante. Quand on songe combien les élèves diffèrent naturellement entre eux par les nuances infinies de leur organisation, on se demande par quel procédé on est ainsi parvenu à les rendre tous semblables les uns aux autres. A quoi peut conduire, plus tard, cet effacement précoce de l'individualité, si ce n'est au nivellement, à la fusion, à la banalité des talents? Beaucoup d'hommes de bonne foi reconnaissent tout ce qu'il y a d'étrange et de vicieux dans un pareil système d'enseignement, mais ils n'en paraissent point assez alarmés : Certes, disent-ils, l'éducation artistique moderne étouffe souvent les germes naturels, comprime les élans vrais et spontanés et passe un même niveau sur toutes les intelligences. Mais, ces études terminées, les vrais artistes savent réagir contre de premières influences mauvaises et se refaire une originalité.

Malheureusement, combien rares sont les jeunes gens dont les facultés artistiques n'ont point reçu d'atteintes irréparables d'une éducation à la fois banale et compressive. Les plus intelligents reconnaissent, mais souvent bien tard, dans quelle voie fausse ils se trouvent engagés. A force de volonté et d'énergie, ils parviennent quelquefois à oublier tout ce qu'ils ont appris et réussissent à se créer une manière indépendante et originale. Mais l'originalité qu'on s'est faite ne peut jamais avoir toute la vérité, toute la franchise de celle que la nature a donnée et que l'on aurait pu conserver intacte tout en la cultivant.

NOTE *B* (de p. 67).

B. Il importe de signaler, dans les expositions de nos écoles, une grave lacune qui leur a ôté, jusqu'ici, une grande partie de leur intérêt et de leur utilité.

Déjà, lors des premières expositions organisées par l'Union centrale pour faire connaître l'état de l'enseignement du dessin en France, on avait regretté l'absence de toute constatation de la sincérité des résultats présentés par les écoles. On commençait à comprendre, qu'en pareil sujet, la loyauté ne doit pas être seulement présumée, mais prouvée et mise hors de doute. Il faut, par exemple, qu'il soit soigneusement constaté que les élèves ont bien réellement l'âge et le temps d'étude qu'on leur attribue et que leurs dessins n'ont été retouchés par aucun professeur ni par des élèves ayant quitté depuis longtemps l'école et s'étant perfectionnés ailleurs. Sans des garanties effectives sur ces points essentiels, le but utile des expositions des écoles est entièrement manqué, car il devient impossible de juger avec certitude, la valeur des études, l'efficacité des méthodes et le mérite des professeurs. Il est aussi d'une grande importance que les exposants loyaux qui; certes, sont en grande majorité, ne puissent être victimes de leur bonne foi.

C'est, sans doute, par de semblables considérations que l'Union centrale s'est décidée à ne plus exposer que des concours faits sous ses yeux et sur ses programmes.

Les écoles pourraient, maintenant, imiter cet exemple, ou si elles le préféraient, entrer dans la voie que j'ai tenté moi-même d'ouvrir lors de l'Exposition de 1867.

Je devais, comme directeur de l'École nationale de dessin et suivant le désir de l'administration, exposer les dessins faits de mémoire par les élèves de ma méthode[1]. On comprend qu'il m'importait au

1. Les resultats obtenus par la méthode de Lecoq de Boisbaudran, éveillèrent une curiosité générale. Quatre des dessins de mémoire exposés furent achetés par le Département des Beaux-Arts à Londres, et sont actuellement au musée Albert et Victoria, dont un, celui par M. Régamey est reproduit dans ce volume. De partout on lui demanda la permission de visiter son école. On lui écrivit de Berlin, de Naples, de Genève, de Gothenburg, d'Amérique. W. M. Hunt, élève de Couture et Millet, peintre très sérieux, dont l'influence fut des plus fecondes sur l'art américain, garda un profond souvenir d'une visite qu'il fit à l'école.

Tout récemment une traduction des brochures de Lecoq de Boisbaudran a

plus haut degré d'établir péremptoirement que ces dessins avaient été bien réellement exécutés de mémoire et je voulais tenter en même temps, d'introduire dans les écoles, par mon initiative, la pratique loyale des expositions véridiques.

Mes vues sur ce sujet ayant été vivement approuvées par le comité d'enseignement de l'Exposition universelle duquel je faisais partie, ainsi que par l'administration des Beaux-Arts, on forma, pour suivre l'expérience que je proposais, une commission composée d'hommes compétents et notables.

Pour montrer l'importance qu'on attachait dans ce moment aux choses de l'enseignement de l'art, je nommerai quelques-uns des membres de la commission : M. le comte de Nieuwerkerque, surintendant des Beaux-Arts. M. Eugène Guillaume, membre de l'Institut, directeur de l'École des Beaux-Arts, Auguste Couder, membre de l'Institut, Ernest Chesneau, inspecteur des Beaux-Arts, Philibert Pompée, maire d'Ivry, inspecteur de l'instruction publique.

Il fut convenu que mes élèves exécuteraient leurs dessins de mémoire dans une des salles de l'École des Beaux-Arts[1], sous la surveillance d'inspecteurs toujours présents. M. le directeur Guillaume remit à chacun des jeunes gens, lors de leur arrivée, une feuille de papier portant le timbre de l'École, ne pouvant, par conséquent, être changée et devant seule servir à l'exécution du dessin. Cette feuille fut rendue à la fin de chaque séance à M. le directeur auquel chaque élève vint la redemander au commencement de la séance suivante afin de continuer son dessin commencé. Enfin, pour surcroît de contrôle et de garanties, les membres de la commission vinrent à tour de rôle et *inopinément*, visiter les élèves, les voir travailler en leur présence pour constater ainsi que les dessins étaient bien vraiment faits de mémoire et que tout se passait avec une parfaite loyauté.

Un ensemble de garanties analogues ne me paraît nullement impossible à réunir, même dans de petites localités, quelque temps avant une exposition à laquelle des écoles voudraient se préparer. Des personnes notables, les autorités même ne refuseraient pas leur

renouvelé l'intérêt de cet enseignement en Angleterre. Editée en 1911, par Macmillan and C°, sous le titre *The Training of the Memory in Art*, elle a déja atteint une deuxième édition. L.

1. Voir les dessins de Lhermitte, Bellenger et d'autres reproduits à la fin de ce volume.

concours pendant quelques jours ou quelques semaines pour une œuvre d'utilité et d'honnêteté.

Du reste, l'opportunité pour les écoles de participer aux grandes expositions publiques devrait être laissée, autant que possible, au jugement des professeurs. Car, s'il est utile d'employer le ressort de l'émulation, il peut être fâcheux aussi de venir troubler les études dans des temps de recherches et de préparations nécessaires.

NOTE *C* (de p. 70).

C. Il s'est produit de tous temps, sous le titre de méthode de dessin, des systèmes de pure fantaisie destinés, par leur illogisme, à un avortement rapide. Ils n'en ont pas moins été accueillis, le plus souvent, à leurs débuts, par la faveur de l'engouement. La raison en est que ces prétendues méthodes ne manquent jamais de promettre de diminuer, souvent même de supprimer presque entièrement le temps des études. De semblables prétentions, loin de les recommander, devraient les faire suspecter tout d'abord. Dans l'éducation le temps doit toujours être compté comme facteur absolument nécessaire. Il faut à l'idée déposée dans l'intelligence, comme à la graine semée en terre, un temps voulu pour germer. S'il s'agit de l'art du dessin, il ne suffit pas de comprendre, il faut exécuter. Or, l'exécution ne peut s'acquérir, même avec les enseignements les plus clairs et les mieux compris, que par des exercices persévérants et une pratique prolongée.

NOTE *D* (de p. 71).

D. Les premiers modèles de dessin doivent pouvoir être copiés très exactement par les commençants; l'imitation attentive et fidèle étant, pour eux, le seul moyen d'acquérir la rectitude qui est la faculté initiale. C'est seulement d'après la bosse et surtout d'après nature que peuvent commencer les interprétations ; plus tard, lorsque les jeunes artistes auront développé en eux une façon de voir vraiment personnelle, ils s'éloigneront naturellement et légitimement de l'imitation exacte.

La vérité de l'art n'est pas celle de la photographie, comme on paraît trop souvent le croire à notre époque. Nombre de peintres semblent, dans cette pensée, entreprendre avec la machine, une lutte aussi laborieuse que vaine. Convenons-en du reste, on est arrivé dans cette voie du détail et du *trompe-l'œil*, à des résultats que n'ont jamais connus ni cherchés les grands maîtres des anciennes écoles.

Pour apprécier justement ce genre de supériorité moderne, supposons un moment, que la photographie arrive, quelque jour, à reproduire et à fixer la couleur. Que deviendraient alors, les imitations les plus minutieuses et les mieux réussies en présence d'images de la nature semblables à celles que donne le miroir? Quant aux œuvres des anciens grands maîtres : des Raphaël, des Titien, des Michel-Ange etc..., non seulement elles ne pâliraient pas devant ces images mécaniques, mais elles se trouveraient hautement glorifiées. On comprendrait enfin ce qu'est véritablement l'art. Il faudrait bien reconnaître qu'il n'est pas dans la nature telle quelle, mais dans ses interprétations par le sentiment et le génie humain.

NOTE *E* (de p. 80).

E. On a proposé à différentes époques, pour l'École nationale de dessin, plusieurs dénominations nouvelles, notamment celle d'*École des Arts décoratifs*[1]. Ce titre indiquerait un but spécial déterminé et une position indépendante de l'École des Beaux-Arts. A la vérité, le rôle si important d'enseignement central ne se trouverait pas mentionné, mais il pourrait et devrait être conservé de fait, à l'École, par une organisation du dessin large et complète, correspondant par ses différents degrés, aux applications de tout ordre.

Il ne faudrait pas oublier, non plus, que, pour aider, au moins dans ses débuts, l'École des Arts décoratifs à conserver ses élèves avancés et pour éviter de provoquer plus longtemps dans les beaux-arts proprement dits, un encombrement des plus fâcheux, il importerait d'instituer dans l'admission à l'École des Beaux-Arts des examens probants et difficiles.

Du reste, ainsi que je l'ai déjà fait observer, toutes les fois que l'on voudra organiser ou seulement modifier l'une des deux écoles de l'État, on reconnaîtra combien il importerait de les combiner l'une avec l'autre; car, faute d'une conception d'ensemble, on s'expose à créer des doubles emplois, des confusions d'attributions et de rôles, cause de tiraillements, de déperditions de forces et de conflits.

1. Cet article a été écrit en 1873. Depuis 1877, l'Ecole porte cette dénomination. L.

NOTE *F* (de p. 81).

F. Un véritable enseignement de l'art décoratif rencontrerait aujourd'hui de sérieuses difficultés, par suite de l'habitude qui s'est introduite dans l'industrie, de désigner péremptoirement le style que doivent avoir les ouvrages demandés, sans faire appel aux conceptions personnelles de l'artiste. On veut, par exemple, un coffret gothique, un vase Renaissance, un meuble Louis XV, etc... Jamais, on en conviendra, aucun de ces styles n'aurait pu se former ni même prendre naissance dans de semblables conditions. Il semble difficile de sortir de l'impasse où nous placent aujourd'hui les admirateurs exclusifs du passé. Notre époque est grandement menacée de ne laisser, par l'ornementation, aucune trace particulière de son passage, aucun style qui la caractérise On ne saurait, en effet, donner le nom de style à des arrangements, à des combinaisons composites, quels qu'en soient, d'ailleurs, le goût et l'ingéniosité[1].

La plupart des professeurs, loin de réagir contre ce regrettable état de choses, ne cherchent qu'à y conformer leur enseignement, dont le principal objet est précisément d'apprendre aux jeunes gens la série des styles qui se sont succédé jusqu'à eux.

Les exigences impérieuses du commerce et de l'industrie obligent à continuer encore cette instruction routinière; mais, au moins, faudrait-il l'écarter des premières études, afin de ne point étouffer à leur naissance les premiers germes de l'invention et de permettre au jeune ornemaniste le développement de ses propres idées Au lieu d'imposer à la jeunesse l'étude prématurée, la répétition continue du passé, ne serait-il pas mieux de la placer le plus tôt possible en face de la nature, afin qu'elle y cherche, avec un esprit sincère, une imagination fraîche et indépendante, des éléments nouveaux pour de nouvelles conceptions? Elle pourrait parvenir ainsi à rompre le cercle sans issue dans lequel l'art décoratif moderne tourne sans cesse et se trouve enfermé.

Qu'on le comprenne bien d'ailleurs, il ne s'agit nullement pour notre époque de méconnaître et de proscrire les divers styles des autres temps, mais il lui siérait d'apporter, elle aussi, sa part de richesse originale au glorieux trésor artistique amassé déjà par les siècles passés.

1. Ceci a été écrit en 1879.

APPENDICE (de p. 77).

Il est intéressant de rapprocher du conseil de Lecoq de Boisbaudran cette citation tirée des écrits de Léonard de Vinci : « Quand vous voudrez, vous dessinateurs, prendre un utile délassement et faire des choses conformes à votre profession, faire épreuve du coup d'œil et saisir la véritable longueur ou largeur des objets pour habituer votre esprit à cela, faites que l'un de vous trace une ligne droite à la craie sur un mur : chacun, un mince fétu ou une paille à la main, la taillera à la longueur que lui paraît avoir la ligne sur le mur, en se tenant éloigné de dix brasses, puis chacun ira mesurer la ligne, et celui qui aura le plus approché de la longueur sera vainqueur et aura le prix qui aura été fixé. Ou bien on doit prendre mesure sommaire, avec une flèche ou une canne, et regarder à une certaine distance, et chacun estimera ; ou encore on jouera à qui tirera mieux une ligne d'une brasse, et ce sera prouvé par le fil. De semblables jeux sont propres à former le jugement de l'œil, qui est le principal acte de la peinture ». (Traité de peinture de Léonard de Vinci, traduction de Péladan, Delagrave et Cie.)

LETTRES A UN JEUNE PROFESSEUR

INTRODUCTION

Ma dernière brochure, *Coup d'œil sur l'enseignement des beaux-arts*, m'a valu cet honneur, que plusieurs artistes, sympathiques à mes idées, m'ont demandé de publier une Méthode. A leur avis, je m'y suis en quelque sorte obligé, en critiquant sévèrement plusieurs des manières d'enseigner en usage aujourd'hui : — J'ai dû juger les autres enseignements, disent-ils, au nom d'une méthode préférée, je dois donc, à mon tour, exposer à la critique celle que je crois être la vraie.

La vraie !...; expression trop exclusive. Il n'y a pas, il ne doit pas y avoir une méthode unique : tout professeur intelligent doit rester libre de se faire la sienne, à la condition de la baser sur des principes vrais et des déductions rationnelles.

Mes amis insistaient : la faiblesse actuelle de l'enseignement leur paraît résulter de l'ignorance générale des vrais principes : — Si vous croyez les posséder, me répétaient-ils, il est de votre devoir de les faire connaître et de les propager. D'ailleurs, ces principes une fois admis, vous avez, assurément, une manière à vous de les enseigner, une méthode qui vous a semblé la meilleure, après une longue pratique et des épreuves répétées ; ne pourriez-vous la livrer à l'examen ?

J'étais ébranlé, je l'avoue, quand se présenta une occasion naturelle de me décider tout à fait à suivre ces sympathiques conseils. Un de mes anciens élèves, jeune artiste de talent[1], récemment nommé directeur d'une école d'art en province, me priait de lui venir en aide, en lui remettant en mémoire mes principaux moyens d'enseignement. Or, ce sont ces lettres à ce jeune professeur, devenu mon ami, que je me suis décidé à livrer à l'impression. Elles contiennent l'exposé de méthode qui m'était demandé, et tout en pouvant être utiles au public, elles répondront, je l'espère, aux bienveillantes sollicitations dont je viens de parler.

Cet exposé rapide renferme, dans les étroites limites de quelques lettres, la substance essentielle du sujet ; ce n'est à vrai dire, que le sommaire d'une méthode, une sorte de guide donnant les indications les plus nécessaires, et laissant à chaque professeur toute liberté d'action, dans les limites des principes primordiaux.

J'ai déjà traité, dans de précédents ouvrages, quelques-uns des sujets sur lesquels je viens appeler de nouveau l'attention ; le lecteur pourra y recourir[2] ; il y trouvera des explications et des développements utiles pour compléter le travail très succinct que je lui présente aujourd'hui. Les passages les plus essentiels à consulter seront indiqués par des renvois, et je compléterai, par quelques notes nouvelles, les enseignements des lettres que l'on va lire.

Avant d'entrer définitivement en matière, qu'il me soit permis de présenter ici quelques considérations qui m'ont été suggérées par l'état de divergence où se trouvent actuellement les esprits sur les questions d'éducation artistique.

Je n'ignore pas, par exemple, qu'il existe aujourd'hui de grandes préventions contre les modèles dessinés ou gravés, particulièrement contre ceux de figures ou de fragments de

1. J. Ch. Cazin à Tours.

2. *Coup d'œil sur l'enseignement des beaux-arts. — Éducation de la mémoire pittoresque.*

figure. On est encore sous le coup de l'irritation légitime, causée par le triste souvenir des modèles de *Reverdin* et de *Julien*, avec leurs hachures si compliquées et si prétentieuses. L'expérience en a fait justice. Leur imperfection, l'abus excessif de leur emploi expliquent une réaction qu'il faut, cependant, se garder d'exagérer; elle appellerait à son tour une réaction contraire, résultat ordinaire de toute exagération [1].

Il s'agit aujourd'hui de la plus grande simplification possible, soit pour les traits, soit pour les ombres. Dans ces conditions seulement, les modèles dessinés ou gravés peuvent continuer à remplir leur rôle utile dans la série des degrés de l'enseignement; ils ont cet avantage de permettre au professeur d'exiger une imitation complète, parce qu'ils restent fixes et ne se prêtent point aux à peu près, aux interprétations.

Ces modèles sont éminemment propres, d'ailleurs, à exercer, à développer les facultés primordiales de rectitude et de précision. Or ces facultés essentielles sont comme les outils qui doivent être mis en état avant tout travail, sous peine de laisser toujours à l'œuvre des traces d'imperfection. Les dessins copiés offrent une transition précieuse entre l'étude des figures géométriques et le dessin d'après la bosse. Nous livrons à l'examen réfléchi ce point spécial de la méthode.

La question d'enseignement du dessin, après avoir été longtemps délaissée, est reprise aujourd'hui avec un zèle des plus louables. Plusieurs théoriciens, paraissant également convaincus, présentent chacun leur système et en réclament l'application.

Il serait très désirable que l'État, au lieu de continuer à n'accueillir qu'une seule méthode, en adoptât plusieurs et favorisât à cet égard l'initiative privée. On verrait alors l'enseignement se raviver par une émulation à la fois salutaire aux élèves; aux professeurs et aux méthodes.

1. Note A, p. 157.

Rien n'est plus favorable à l'art et à son enseignement de tous les degrés que la liberté, la spontanéité ; rien ne leur est plus contraire que la centralisation excessive, la réglementation étroite et l'uniformité.

LETTRE PREMIÈRE

Mon cher ami, vous me demandez de vous aider dans votre nouvelle et difficile tâche, en vous indiquant les principaux moyens d'enseignements que j'ai pu appliquer ou concevoir, dans le cours de mon professorat. Je m'empresse de répondre à votre appel ; mais je croirais vous rendre un faible service et mal justifier votre confiance, en m'en tenant strictement aux termes de votre demande.

Les moyens d'enseignements n'ont point une valeur absolue par eux-mêmes. Ainsi que les remèdes en médecine ou les procédés de culture, ils peuvent être utiles ou dangereux, suivant le moment et la mesure de leur application ; ils doivent, pour avoir une heureuse efficacité, être présentés dans un ordre méthodique. Cet ordre ne peut être déterminé qu'avec la connaissance précise du but qu'on se propose et des principes sur lesquels doivent se fonder les moyens destinés à atteindre ce but.

Dans mon dernier essai sur l'enseignement, après m'être livré à diverses considérations sur cette question si importante du but et des principes, je m'exprimais ainsi :

« L'art est essentiellement individuel, l'individualité fait
« l'artiste.

« D'où résulte cette conséquence :

« Tout enseignement, pour être vrai et rationnel, doit se pro-
« poser de conserver, de développer et de perfectionner le sen-
« timent individuel de l'artiste[1]. »

1. *Coup d'œil sur l'enseignement des beaux-arts,* p. 83.

Ainsi, le but auquel doit tendre tout professeur chargé d'un enseignement des beaux-arts, quel qu'en soit le degré, est le développement des aptitudes artistiques, naturelles, de chaque élève. Les moyens, exercices ou procédés d'enseignement, les meilleurs sont ceux qui concourent le plus sûrement et le plus directement à ce but.

Un principe fondamental et absolu doit présider à leur choix comme à leur classement, c'est *le principe du développement progressif des facultés artistiques, celui de la gradation des difficultés dans les exercices*[1].

Après avoir établi ces premières bases fondamentales, que je crois pouvoir considérer comme démontrées et acceptées, puisqu'elles n'ont été jusqu'ici l'objet d'aucune contradiction sérieuse, j'aborderai directement mon sujet, en le divisant en cinq parties ou degrés d'enseignement.

Cette division n'est point arbitraire. Après avoir été longuement étudiée et expérimentée, elle a paru la plus favorable pour bien établir le classement et l'ordre successif des différentes études. Ces cinq degrés distincts, sorte d'étapes dans le parcours complet de l'éducation permettront aux professeurs et aux écoles, dont l'enseignement doit être restreint ou dirigé vers des applications spéciales, de reconnaître facilement et de choisir avec connaissance de cause le point de la méthode où il leur conviendra de s'arrêter.

PREMIER DEGRÉ D'ENSEIGNEMENT[2]

Le dessin est la base essentielle des arts nommés pour cette raison : *arts du dessin*.

Le trait est le mode d'expression le plus simple du dessin. Il en est, en même temps, l'exercice pédagogique le plus élémentaire.

1. Note B, p. 157.
2. Note C, p. 158.

Nous commencerons donc notre enseignement par le dessin au trait [1].

Afin de bien faire comprendre ces commencements d'une si grande importance pour toute la suite des études, je donnerai le spécimen de quelques-unes des premières leçons.

PREMIÈRE LEÇON

L'élève muni d'une feuille de papier blanc, d'un crayon noir et de mie de pain pour effacer, est assis devant une table inclinée en pupitre. Devant lui est placé son modèle dans une position verticale. Le premier modèle est une ligne droite. Le professeur, s'adressant à l'élève, commence la première leçon. Voici le sens général de ses paroles :

A
B
Premier modèle [2].

« Il vous faut imiter sur votre papier la ligne AB, telle que vous la voyez sur votre modèle. Vous devez la reproduire exactement comme grandeur et comme netteté. Il faut nécessairement commencer par l'un des deux points extrêmes de la ligne. Choisissons, par exemple, le point A. Placez-le à volonté sur votre papier comme devant être votre point de départ Si vous aviez maintenant le point B placé relativement au point A, comme il l'est dans votre modèle, il ne s'agirait plus que de tracer la ligne réunissant les deux points. Cherchez donc la position du point B, en appréciant la distance qui le sépare du point A, et cela avec le seul jugement de votre œil ; car toute mesure prise à l'aide d'un instrument supprimerait précisément l'exercice qui, seul, peut former la justesse du coup d'œil. »

Le point cherché étant déterminé par l'élève, après plus ou moins de tâtonnement, avec une justesse suffisante, le professeur continue :

1. Note D, p. 160.
2. Note E, p. 160.

« Il s'agit maintenant de tracer la ligne qui relie le point de départ et le point d'arrivée. Il ne faut pas chercher à la faire d'un seul jet[1]. Il est plus sûr de la préparer, d'abord, par une suite de points plus ou moins espacés entre eux. Ce premier tâtonnement devra être passé à la mie de pain, afin de n'en conserver qu'une trace légère, sur laquelle vous exécuterez la ligne définitive, reproduisant à la fois la grandeur et la netteté du modèle. »

Quelle que soit la simplicité de cette première tâche, elle paraîtra presque toujours difficile et devra, généralement, être recommencée plusieurs fois.

Le professeur doit se montrer très sévère pour ce premier résultat. Il importe au plus haut degré que l'élève ne passe jamais à une difficulté supérieure avant d'avoir surmonté la précédente. C'est le seul moyen de lui faire parcourir, avec certitude et succès, toute la série progressive des études.

L'enfant, toujours désireux de changement, voudrait sans cesse un nouveau modèle. Certains professeurs croient lui donner plus de goût et d'entrain, en cédant à sa fantaisie; c'est là une grave et funeste erreur. Après un nouveau modèle accordé à son importunité, notre écolier en demandera bientôt un autre; rebuté par les moindres difficultés, il n'en surmontera jamais aucune; il restera toujours dans son ignorance première. Cependant les difficultés croîtront bientôt à force de changements de modèles de plus en plus compliqués. Elles deviendront enfin tout à fait impossibles à vaincre. Reconnaissant alors son impuissance, le jeune élève tombera dans un profond dégoût et un découragement incurable.

Si le professeur, au contraire, fidèle observateur de la méthode, oblige le commençant, dès son premier dessin, à

1. Note F, p. 161.

persister jusqu'à réussite satisfaisante, en lui faisant bien comprendre que c'est là, pour lui, l'unique moyen d'obtenir un changement de modèle, l'élève s'évertuera et finira par réussir. Ses efforts, quelquefois très pénibles, donneront plus de prix au bon résultat obtenu. Il se complaira dans son ouvrage, ne fût-ce qu'une simple ligne droite, s'il est parvenu à l'exécuter avec netteté, propreté et exactitude. Satisfait de son premier succès, il sera prêt à un nouvel effort et entrera ainsi, dès ses premiers pas, dans la voie saine et féconde du travail persévérant.

DEUXIÈME LEÇON

Après cette première initiation, on passera à un second modèle, en choisissant, par exemple, un carré qui a le double avantage d'obliger l'élève à répéter quatre fois l'exercice précédent, et de familiariser son œil et sa main avec les lignes horizontales, verticales et parallèles.

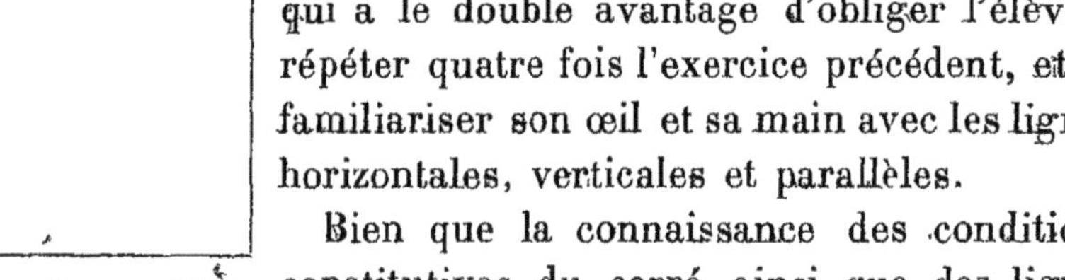

Deuxième modèle.

Bien que la connaissance des conditions constitutives du carré, ainsi que des lignes horizontales, verticales et parallèles soit donnée spécialement dans les leçons de géométrie ou de dessin linéaire, exécuté avec les instruments, il est bon de rappeler ces notions essentielles. Elles importent d'ailleurs ici à la bonne exécution qui doit se rapprocher, le plus possible, de celle que peuvent donner la règle et le compas[1].

Le professeur devra donc obtenir l'exactitude rigoureuse des grandeurs, la rectitude et la pureté des lignes, avant de mettre à l'étude une première courbe, dans un troisième modèle représentant un cercle inscrit dans un carré.

1. Note G, p. 161.

TROISIÈME LEÇON

L'élève après avoir exécuté le carré comme il l'a fait précédemment devra, de plus, mener les diagonales AD et BC ; puis, divisant en deux parties égales et, toujours sans emploi d'aucun instrument, chacun des quatre côtés du carré, il marquera les points de milieu H, E, G, F ; il mènera ensuite les lignes HG, EF. Le professeur fera remarquer que, dans le modèle, le premier quart de cercle, qu'il faut imiter d'abord, touche les lignes droites en trois points E, I, H, dont on possède déjà les deux premiers E, H. Si donc on marquait dans la copie, sur la diagonale AD, le point I, après avoir apprécié par le coup d'œil son éloignement du point A, on aurait les trois points de repère E, I, H, par lesquels doit passer le premier quart de cercle. Puis, répétant, trois fois encore, les mêmes opérations pour les trois autres quarts, on aurait le cercle tout entier.

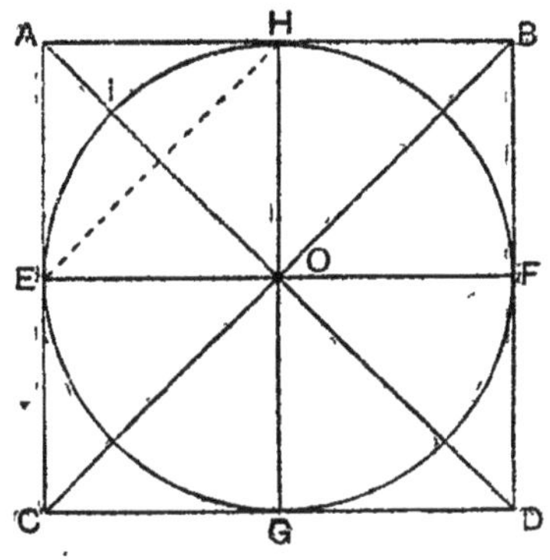

Troisième modèle.

Le professeur ne manquera pas de rappeler à l'élève, toujours naturellement disposé à agir sans réflexion et sans méthode, qu'au lieu de tracer vivement et à main levée, soit les lignes droites, soit chaque arc de cercle, il doit toujours procéder par tâtonnement, en marquant des points pour arriver plus sûrement à la rectitude des lignes et à la justesse de la forme. Il sera, d'ailleurs, aidé dans le dessin de sa courbe par le voisinage des lignes droites, AE, AH, auxquelles il devra la comparer en jugeant, sur son modèle, de combien les différents points de cette courbe se rapprochent ou s'éloignent des lignes droites qui leur sont tangentes. Cette utilité des lignes droites, pour se rendre compte des degrés de courbure, sera rendue surtout évidente si l'on mène la corde EH qui facilitera, encore davantage, l'appréciation de l'arc de cercle E, I, H.

L'élève aura bientôt reconnu de lui-même combien les lignes horizontales et verticales, tracées sur son modèle, lui ont été utiles, soit pour déterminer les points de repère, soit pour juger la forme des courbes, par leur comparaison avec les lignes droites. C'est le moment de l'avertir que les dessins qu'il s'agira maintenant de copier, et à plus forte raison les objets naturels, dont l'étude doit venir à son tour, ne présenteront plus ces lignes secourables si complaisamment tracées. Faut-il donc renoncer aux avantages qu'on vient de leur reconnaître ? Nullement ; mais on doit apprendre à les simuler, en les traçant dans l'espace ou, si l'on veut, pour commencer, en les figurant avec le porte-crayon. Tel est l'objet du quatrième modèle. Il offre un exercice d'une grande importance pour le commençant, et réclame, de sa part, une attention toute particulière.

QUATRIÈME LEÇON

Pour plus de clarté dans l'explication, j'ai placé en regard, d'un côté le modèle sans lignes d'opérations ; de l'autre la copie où les lignes d'opérations sont tracées.

Choisissons d'abord, sur le modèle, un point de départ, soit le point A, et portons-le à volonté sur le papier de notre copie en A. Du point A, sur le modèle, abaissons une ligne verticale indéfinie, mais fictive, c'est-à-dire tracée seulement dans l'espace ou figurée par le porte-crayon ; nous voyons que cette ligne passe par le point B. Du point A, sur la copie, nous abaissons également une ligne verticale indéfinie, mais ici, tracée réellement et sur laquelle nous portons la distance AB, après l'avoir appréciée, sur le modèle, sans le secours des instruments. Ayant ainsi déterminé la longueur du dessin, passons à la recherche de sa largeur.

Après avoir remarqué, sur le modèle, le point C, comme étant le plus saillant du contour et donnant, par conséquent, la plus grande largeur du dessin, nous menons de ce point une ligne horizontale, indéfinie et fictive, qui coupe la ligne verticale fictive AB en E à une distance du point A, que nous apprécions par le coup d'œil, que nous gardons dans notre mémoire et reportons sur notre copie en E. De ce point E, nous menons une horizontale, indéfinie, réelle. Revenant enfin au point E sur le modèle, nous n'avons plus qu'à apprécier la distance EC et à la reporter sur la ligne horizontale réelle EC de la copie, en C. Nous avons alors trois points de repère ABC pour tracer la courbe demandée.

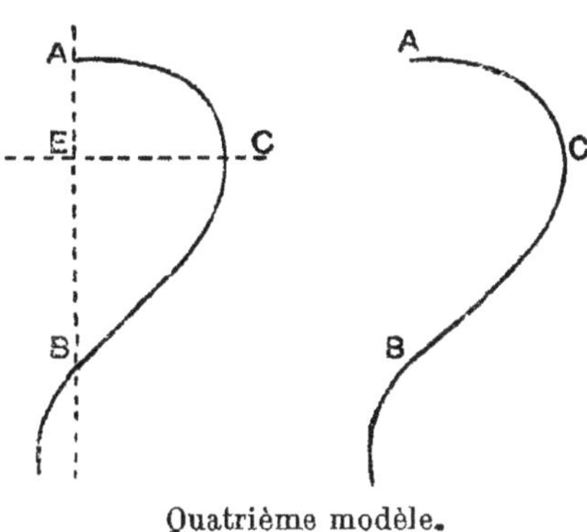

Quatrième modèle.

Le moyen que nous venons d'employer pour déterminer les différents points et, par suite, les places et les formes, n'est rien moins que le procédé pratique fondamental du dessin. Contrairement à tous les moyens qui se basent sur de faux principes, il n'a pas besoin d'être modifié sans cesse. Il est toujours applicable aussi bien à la copie des modèles dessinés qu'à l'imitation des objets naturels, depuis les premiers commencements du dessin jusqu'à sa pratique la plus avancée.

Ce moyen est employé journellement par la plupart des artistes, mais un grand nombre d'entre eux ne s'en rend nullement compte ; ils ne sont arrivés à en faire usage qu'après beaucoup de tâtonnements et de temps perdu.

Il ne s'agit donc point ici d'inculquer à des enfants des idées nouvelles et arbitraires, mais bien de les initier, dès l'abord, à une pratique à laquelle il leur faudra toujours arriver, mais trop souvent, par des voies aussi lentes qu'incertaines. Pour atteindre plus directement et plus complètement le but, il est nécessaire de procéder avec ordre et connaissance de cause, de substituer enfin la méthode à l'empirisme.

Lorsque l'élève aura compris que la première recherche des places et des formes consiste à apprécier des positions de points, il apprendra bientôt à choisir entre eux les plus remarquables, les plus favorables à son travail, et à faire abstraction des moins nécessaires. Il sera conduit ainsi naturellement à la conception vraie et intelligente de la masse. et sentira qu'il faut, d'abord, l'assurer rapidement par quelques points principaux, au lieu de se livrer, comme il arrive si souvent, à un barbouillage confus, sans aucune base ni aucune intention précises.

On peut certainement employer, pour la détermination des points dans la pratique du dessin, des lignes obliques, des ouvertures d'angle, etc., etc. Mais si l'on veut bien y réfléchir, on reconnaîtra que, les lignes horizontales ou verticales, ayant une position fixe, déterminée, offrent seules une base d'appréciation et de comparaison positive. Elles doivent donc être exclusivement employées dans les premiers commencements de l'étude du dessin.

Il me paraît inutile d'insister davantage sur l'importance de l'emploi des lignes horizontales et verticales ; je crois suffisants les quelques exemples que je viens de donner de leurs premières applications, pour bien faire comprendre au professeur le principe et le début de la méthode. A lui maintenant de développer les explications, de varier et de combiner les cas divers, dans une suite de cinq ou six modèles continuant à présenter quelques courbes de difficultés progressives. Ces modèles devront toujours conserver l'extrême simplicité que comporte le premier degré d'enseignement, et ne jamais excéder la portée de l'élève, afin de pouvoir toujours être exécutés d'une manière complètement satisfaisante.

Le professeur doit surveiller avec un grand soin l'enfant qu'il dirige dans ses premières études, afin de s'assurer qu'il comprend et exécute bien ses opérations, puisqu'il s'agit de lui en faire contracter une habitude telle qu'il arrive à les faire sans y penser et pour ainsi dire instinctivement. Il doit en être pour la pratique du dessin comme pour celle de la lecture, où l'intelligence, pour être tout entière au sens de ce qu'il s'agit de lire, ne doit plus avoir à s'occuper des opérations compliquées de la lecture elle-même.

Si l'élève a suivi régulièrement, sous l'œil d'un professeur attentif, la marche que je viens de tracer, il aura bientôt acquis une certaine rectitude du coup d'œil, par le jugement des distances ; un premier développement de l'habileté de la main, par l'imitation des formes, aidée du tâtonnement par points. Il possédera, dans l'usage des lignes horizontales et verticales, un moyen régulier et positif de recherche, et aura enfin contracté un commencement d'habitude très précieuse d'ordre et de suite dans les idées et dans le travail.

Après avoir reçu ces préparations essentielles qui constituent le premier degré d'enseignement, l'élève pourvu de facultés suffisamment exercées, se trouvera en état d'aborder la seconde période d'étude dans des conditions régulières et favorables.

LETTRE DEUXIEME

DEUXIÈME DEGRÉ D'ENSEIGNEMENT

Le choix des modèles destinés à faire suite à ceux du premier degré réclame une attention toute particulière.

Le professeur devra former et graduer avec soin un répertoire de modèles pour la deuxième période d'études, en commençant, s'il le préfère, suivant l'avis de Léonard de Vinci, par des fragments de têtes humaines, puis passant à des têtes entières présentées sous des aspects variés. Le professeur doit rester libre de choisir pour ses modèles d'autres sujets que des figures. La seule condition qui lui soit imposée rigoureusement est de bien échelonner les difficultés. Ces modèles, quels qu'ils soient, devront offrir d'abord de simples traits, puis quelques ombres très légères, enfin quelques effets d'un modelé plus avancé. Ils devront être exécutés soit en dessin, soit en gravure ou en lithographie. Les modèles dessinés ou gravés ne doivent être considérés en général que comme des exercices préparatoires, leur emploi ne doit pas être trop prolongé. Il importe qu'ils soient corrects et capables de donner, sous le rapport du goût, de premières impressions salutaires. Ils doivent surtout être judicieusement proportionnés au degré de savoir des élèves, afin que le professeur puisse continuer à exiger une bonne et complète exécution.

Aussitôt qu'il aura constaté comme acquise, une certaine habileté pour la mise au trait et pour le travail des ombres, le professeur devra s'empresser de mettre à l'étude quelques solides en plâtre ou en bois peint en blanc, classés ainsi qu'il suit : un cube, un prisme, une pyramide, un cylindre, un cône, une sphère.

L'étude du modèle en relief peut seule développer complètement l'intelligence du jeune dessinateur, en lui faisant voir dans la réalité les modifications apparentes des grandeurs et de la forme, suivant le point d'où elles sont observées, c'est-à-dire les effets de perspective ou de raccourci, dont il ne se rend nullement compte dans ses premiers modèles dessinés.

Cette étude donne seule aussi la pleine intelligence des teintes : ombres, lumières, demi-teintes, ombres portées et reflets, en montrant dans la nature même les oppositions des plans, les dégradations de teintes produites par les rondeurs, enfin les rapports des différentes valeurs de teintes entre elles.

Cette première observation des objets réels intéresse toujours les élèves, parce qu'elle leur ouvre véritablement les yeux. Après s'y être livrés quelque temps, ils peuvent comprendre enfin leurs modèles, dessinés ou gravés, restés jusque-là, pour eux, lettre close et copiés à peu près d'une manière machinale. Devenus plus intelligibles, ces dessins ou gravures, loin d'être rejetés, comme on l'a souvent proposé, doivent être alternés avec les modèles en relief, sur lesquels ils possèdent, de leur côté, certains avantages réels qu'on aurait tort de méconnaître pour les premiers commencements. Ils sont, par exemple, plus favorables à l'étude de l'imitation exacte que les modèles en relief, comportant toujours une certaine interprétation personnelle. Ils sont également plus propres à rendre la main souple et habile, parce qu'ils l'obligent à des travaux moins libres et plus déterminés.

De sérieux motifs recommandent la figure humaine pour les modèles de dessin, surtout dans le premier enseignement. Elle impressionne l'élève par une physionomie beaucoup plus saisissante que celle de tout autre objet. Elle présente une ressemblance bien plus facile à constater entre le modèle et la copie, et par ce fait, un but à atteindre mieux précisé et plus aisément compris.

La figure humaine résume toutes les formes et toutes les teintes possibles ; par conséquent, tous les cas variés, toutes les difficultés du dessin.

Il est d'expérience que les jeunes dessinateurs, dont l'éducation a été faite au moyen de l'étude de la figure, sont aptes, après quelque temps de spécialisation, à tous les autres genres de dessin, et s'y montrent généralement supérieurs. Il n'en est pas de même de ceux qui ont commencé par étudier un genre particulier : fleurs, ornements, animaux, paysage, paysage surtout. Ce dernier genre doit être écarté entièrement des premières études d'imitation. Il les entraverait sans nul doute, car, par sa nature même, il ne comporte point l'exactitude rigoureuse, mais les à peu près, les interprétations, les équivalents.

Ici se présente une question importante, celle de la manière de faire. Après de nombreuses expériences à ce sujet, je considère le crayon comme le seul instrument favorable aux premières études. L'estompe doit être proscrite, au moins dans les premières époques de l'enseignement. Elle porte le commençant au barbouillage, aux excès de noir, à la rondeur, à la mollesse. Plusieurs méthodes la recommandent cependant d'une manière exclusive, comme étant d'un emploi facile et couvrant vite le papier. Mais c'est là méconnaître les conditions spéciales de l'enseignement, et confondre d'une manière fâcheuse des procédés d'exécution, trouvés commodes par certains artistes, avec les moyens propres à exercer les élèves.

L'estompe, par la facilité même qu'elle donne pour couvrir promptement de grandes surfaces, supprime ou du moins diminue la gymnastique de la main, et par suite le développement de la finesse du tact. Plus ferme, plus sûr que l'estompe, le crayon transmet mieux les impressions de l'artiste, et les exprime dans leurs nuances les plus variées. Le crayon est l'instrument intelligent, spirituel, énergique par excellence. Les grands maîtres du dessin l'ont toujours préféré [1].

Pendant la seconde phase de l'enseignement, le professeur continuera à suivre avec sollicitude le travail de ses élèves, toujours prêt à les rappeler aux principes, s'il est nécessaire. Il leur redira, au besoin, l'usage des points et des lignes. Il leur fera comprendre, par la pratique, l'avantage de commencer invariablement un dessin un peu compliqué, par en indiquer la masse ; mais, en donnant pour base à ce premier aperçu de l'ensemble, quelques points bien choisis, exactement placés.

1. Note H, p. 162.

A ces moyens déjà connus, il en joindra de nouveaux, réclamés par des difficultés nouvelles.

Il enseignera, surtout, à procéder toujours, pour le jugement des grandeurs ou des teintes, des détails ou de l'ensemble, par comparaisons, par rapports, par unité de mesure. Mais pour bien faire comprendre cet enseignement si important, le professeur devra en faire lui-même, dans ses leçons, une application constante. A cet effet, il aura soin de se placer avec l'élève, dont il voudra corriger le dessin, à une certaine distance de ce dessin, mis à côté et en regard du modèle. Puis, afin de s'expliquer avec plus de précision, et d'être à même de toucher l'endroit sur lequel il voudra appeler l'attention, il se servira d'une de ces longues baguettes, appelées par les peintres *appuie-main*. Les comparaisons, les rapports qu'il établira alors, entre la copie et le modèle, entre les parties et l'ensemble, ses remarques, ses observations diverses, frapperont, intéresseront par leur évidence Bientôt convaincu des avantages de cette méthode, l'élève l'adoptera de lui-même, et la mettra en pratique. Dès qu'il en aura contracté une certaine habitude, on verra se développer, en lui, comme une conception nouvelle. Ses dessins, sans cesser d'être fidèles et naïfs, deviendront en même temps mieux compris ; on ne tardera pas à y voir poindre les premiers germes de l'intelligence et du sentiment artistique.

Alors sera atteint le but des études du deuxième degré ; et dans la période suivante il deviendra possible d'essayer des difficultés nouvelles et d'un ordre plus élevé.

LETTRE TROISIÈME

TROISIÈME DEGRÉ D'ENSEIGNEMENT

Nous avons conduit jusqu'ici les élèves, quant au dessin copié, jusqu'à des têtes ombrées Ils peuvent passer maintenant à quelques études de pieds et de mains pour arriver aux académies, qui devront être l'occasion d'utiles exercices sur l'ensemble [1].

Il faut éviter aujourd'hui l'abus fait autrefois des modèles-estampes. Ils continueront cependant à être copiés alternativement avec les modèles en relief, mais dans une judicieuse mesure. L'étude de ces derniers doit prendre, en proportion de l'avancement des élèves, une plus grande prépondérance; elle réclame une part de temps beaucoup plus considérable.

Après avoir, dans le deuxième degré, initié l'élève à l'étude du relief, au moyen du dessin des solides, nous continuerons, dans le troisième degré, la série des études de la ronde bosse par des fragments de têtes moulés séparément, bien gradués et entremêlés, si le professeur le désire, de quelques détails d'ornement. C'est là une transition essentielle, dont l'expérience nous a démontré l'efficacité, pour arriver plus sûrement aux difficultés de plus en plus sérieuses que présenteront des têtes complètes, des extrémités, enfin des motifs d'ornement et des figures entières d'après la bosse.

Quelques masques moulés sur nature peuvent être tout d'abord étudiés utilement; mais les moulages sur l'antique offrent, en nombre infini au choix du professeur, des modèles aussi variés qu'excellents.

Malheureusement, les modèles de dessin sont loin de nous offrir un contingent aussi riche. Ceux qui peuvent être considérés comme bons ou seulement acceptables restent, jusqu'ici, en très petit nombre. Les auteurs de la plupart d'entre eux ne semblent pas s'être rendu bien compte des qualités qu'exigerait un modèle : elles sont nombreuses, et, partant, difficiles à réunir. Un bon modèle de dessin devrait être correct et de bon goût, simple et naturel, c'est-à-dire sans affectation de carrés ou d'autres formes conventionnelles. Il devrait être d'apparence

1. Note I, p. 162.

libre, facile et engageante pour les élèves. Il y faudrait beaucoup de science sans pédantisme, de la vérité avec distinction, des effets larges et simplifiés sans monotonie. L'absence presque complète de bons modèles a fait songer naturellement à ces admirables dessins de maîtres, que possèdent nos musées, et l'on a pensé, avec de grandes apparences de raison, ne pouvoir trouver de modèles plus parfaits que des photographies reproduisant exactement les chefs-d'œuvre des plus grands maîtres.

Mais, confondant le point de vue de l'art avec celui de l'enseignement, on a oublié que ces dessins, faits le plus souvent par les maîtres, pour la préparation de leurs œuvres, sont presque toujours difficiles, presque impossibles à copier, même pour de très habiles artistes ; à plus forte raison ne se trouvent-ils nullement appropriés aux différents degrés d'avancement des élèves. Sans parler des taches, des parties effacées dont ces dessins abondent, ils sont remplis de tâtonnements, d'essais de différents contours, qui nous font suivre avec un vif intérêt les recherches et les pensées successives des maîtres, mais sont, pour des jeunes gens encore inexpérimentés, des mystères incompréhensibles, des difficultés inextricables.

La grande simplicité d'aspect des dessins originaux d'Holbein a, sans doute, suggéré la pensée d'en faire des modèles élémentaires. Mais ces contours si simples à première vue sont, en réalité, épurés avec tant de finesse et, l'on peut dire, si juste à point que la moindre déviation du copiste les dénature tout à fait. Quant à l'admirable modelé des têtes d'Holbein, rien de si difficile que d'en bien rendre les savantes simplifications et les exquises délicatesses. Laissons à ces inimitables dessins leur rôle véritable et supérieur dans l'enseignement ; reproduisons-les par la photographie, afin de les livrer à l'observation, à l'admiration des jeunes artistes devenus capables d'en comprendre les hautes leçons. Toutes les écoles d'art devraient posséder des recueils de photographies d'après les grands maîtres. Elles viendraient, lorsqu'il serait nécessaire, aider et corroborer les leçons des professeurs.

Après de nombreux essais, on a pu se convaincre de l'impossibilité pratique de la plupart des modèles photographiés ; ces expériences n'en restent pas moins fort louables, fort utiles, et les hommes de savoir et de dévouement qui s'en sont occupés ont rendu un éminent service, en élucidant une question aussi intéressante. Ils paraissent chercher maintenant à rendre plus intelligibles aux élèves certains dessins de maîtres, en les traduisant par la lithographie. On peut espérer dans cette nouvelle voie de très heureux résultats, surtout si l'on sait se bien pénétrer des conditions spéciales et nécessaires de l'enseignement.

En attendant que l'idéal du parfait modèle de dessin soit complètement réalisé, le professeur mettra tous ses soins à rassembler ce qui lui paraîtra le plus convenable parmi les modèles existants et le mieux approprié aux études du troisième degré. Il devra, surtout, attacher la plus grande importance aux travaux qu'il fera exécuter, d'après la bosse par les élèves, en apportant toujours une grande sévérité dans l'acceptation d'un dessin, avant de faire passer son auteur à un modèle d'un degré ou d'un caractère plus difficile.

Plus que jamais, dans la troisième période d'enseignement, le professeur suivra le mode de correction déjà adopté. C'est-à-dire qu'après avoir examiné de près certaines finesses de la forme et du travail, il portera toujours ses jugements de loin sur le dessin et sur le modèle, placés à côté l'un de l'autre, en faisant sa démonstration à l'aide de l'appuie-main.

Cet enseignement tout de comparaisons et de raisonnements ne peut tarder à éveiller chez l'élève les facultés d'observation. C'est le moment de leur donner un nouvel et puissant essor par l'étude du dessin de mémoire[1].

1. Voir l'*Éducation de la mémoire pittoresque*, mémoire spéciale des formes, p. 20.

Ainsi que je l'ai souvent déclaré, cet exercice n'est point une méthode de dessin ; c'est un des moyens qui doit, comme tous les autres, fonctionner avec sa juste mesure dans l'ensemble des études qui constituent l'enseignement du dessin.

Il ne s'agit donc, en aucune façon, d'apprendre à dessiner uniquement par la mémoire. Nous proposons une manière rationnelle d'enseigner le dessin de mémoire, mais confondre cette méthode spéciale avec la méthode générale de dessin, c'est prendre la partie pour le tout.

Cet enseignement, du reste, n'est nullement fondé sur des principes à part, il procède toujours du simple au composé, par difficultés graduées et successives. Les sujets des modèles sont empruntés de préférence à la figure humaine, parce qu'il importe de présenter d'abord à la mémoire des objets dont la physionomie soit aisément saisissable.

Afin de choisir un point de départ facile, on pourra commencer, si l'on veut, par un nez de profil au trait. Chaque élève emportera chez lui ce premier modèle, pour l'étudier comme on apprend une leçon par cœur. Il le dessinera plusieurs fois ou se contentera de l'observer attentivement, en faisant des remarques qui puissent aider son souvenir. Le temps accordé pour ce travail devra d'abord être assez long.

Au terme fixé, chaque élève remettra au professeur son modèle ; revenu à sa place, il le dessinera entièrement de souvenir. Après avoir exécuté ce travail de son mieux, il le soumettra aux observations du professeur. Puis, bien pénétré des différences qui lui auront été signalées et qu'il aura reconnues lui-même, il retournera encore à sa place pour faire de mémoire les modifications nécessaires. Ces corrections seront répétées jusqu'à résultat très satisfaisant. Il faut obtenir sinon une exactitude tout à fait aussi rigoureuse que s'il s'agissait d'une copie ordinaire, du moins une très grande approximation.

Le tact et l'expérience sont ici d'une extrême importance,

pour bien apprécier ce qu'il est possible d'obtenir de la mémoire. De la juste sévérité des exigences sur ce point, dépendent tous les progrès ultérieurs.

On peut employer, pour aider les exercices de mémoire, la plupart des moyens déjà appliqués pour le dessin ordinaire : par exemple, les lignes horizontales et verticales, tirées idéalement sur le modèle, et donnant par leurs intersections avec les formes du dessin des points de repère précieux pour le souvenir. On peut conseiller aussi la comparaison des grandeurs, des formes ou des teintes entre elles, ou bien encore l'emploi des unités de mesure, des échelles de proportion, etc.

Tous ces moyens doivent être proposés, mais non imposés aux élèves : les opérations de la mémoire sont de nature trop intimes et, il faut le dire, encore trop mystérieuses, pour qu'on doive y intervenir sans une extrême circonspection.

Il est constant que des manières d'opérer, acceptées par certains élèves, ne conviennent nullement à d'autres ; chacun d'eux ne tarde pas à se faire ses procédés personnels.

Du reste, il arrive un moment où tous ces moyens, très utiles et très employés dans les commencements, sont peu à peu négligés, parce qu'ils deviennent de moins en moins nécessaires.

Il se produit, par l'exercice méthodique de la mémoire, un grand développement de la faculté de voir dans l'espace, un objet qui a été bien observé, mais qu'on n'a plus sous les yeux ; alors il devient possible de le dessiner, à peu près, comme s'il était présent. Ce résultat, est-il besoin de le dire? est obtenu chez les jeunes gens, en raison du travail et de l'organisation naturelle de chacun d'eux. Les uns voient nettement l'ensemble de leur modèle, les autres ne voient cet ensemble que d'une manière confuse. Quelquefois, un détail qui les frappe particulièrement se présente clairement à leur esprit, et les conduit successivement aux autres détails qui l'avoisinent

Le professeur devra exécuter lui-même le répertoire des

modèles destinés à l'étude de mémoire, avec les gradations bien classées, progressions essentielles qui exigent une expérience toute spéciale. Il comprendra que le plus ou le moins de difficulté d'un modèle pour la mémoire ne résulte pas de ce qu'il représente tel trait de la figure ou tout autre objet, mais de son degré de complication et de certains caractères qui frappent l'attention davantage : ainsi, les formes laides, grotesques ou bizarres, sont, entre toutes, celles qui se retiennent le mieux, du moins, dans les commencements ; plus tard, les jeunes gens chez lesquels le sentiment du beau commence à se développer, se souviennent souvent avec plus de facilité des belles formes, parce qu'ils en sont plus vivement émus.

Mais n'anticipons pas sur un enseignement plus avancé de la mémoire. Bornons-nous ici à celui que comporte le troisième degré, c'est-à-dire à une série d'études pouvant commencer par un nez de profil, au trait, et arrivant par une suite de gradations à de petites têtes d'abord, au trait seulement, puis légèrement ombrées.

Les exercices de la mémoire ne doivent aucunement remplacer les études ordinaires ; les deux doivent avancer de front et se prêter une aide réciproque.

On peut diminuer peu à peu le temps donné aux élèves pour étudier chez eux leurs leçons par cœur, à condition de proportionner cette latitude aux progrès déjà obtenus : les leçons destinées à l'exécution de mémoire ou, si l'on veut, *à la récitation dessinée*, peuvent être, pour le troisième degré, d'une à deux par semaine, c'est-à-dire au nombre d'une ou de deux pour six leçons consacrées au dessin ordinaire.

Parvenus à la fin de la troisième période de notre enseignement, nos élèves sont arrivés à copier des têtes et des académies, soit d'après le modèle dessiné, soit d'après l'antique.

De plus, leurs facultés d'observation et de mémoire ont reçu un premier commencement de culture, qui leur permet de reproduire de souvenir de petites têtes d'après le dessin.

Ce sont là des résultats encore bien modestes, déjà précieux cependant s'ils sont sincères, exempts d'habitudes vicieuses, obtenus par la pratique de principes féconds pour l'avenir.

Ces premières connaissances indispensables acquises, et ces préliminaires essentiels terminés, nous entrerons dans la quatrième période où se prononce définitivement, dans les études, le caractère artistique[1].

LETTRE QUATRIÈME

QUATRIÈME DEGRÉ D'ENSEIGNEMENT

L'enseignement, désormais dégagé de ses premières difficultés, va se développer plus librement, se compléter, se compliquer davantage. Pour éviter la confusion et mettre dans nos explications l'ordre et la clarté nécessaires, nous examinerons à part chacune des principales études qui font l'objet du quatrième degré; elles sont au nombre de sept: l'étude de l'antique et des maîtres, l'étude du modèle vivant, l'anatomie, la perspective et le dessin d'architecture, la peinture, les exercices de la mémoire, pour la forme et pour la couleur, enfin la composition, application et résumé de toutes les autres études.

ÉTUDE DE L'ANTIQUE ET DES MAITRES

Jusqu'ici de bonnes réductions d'après l'antique ont pu paraître des modèles suffisants; à partir du quatrième degré, rien de trop parfait ne saurait être mis sous les yeux des élèves.

On doit, autant que possible, leur donner à étudier des moulages faits sur les originaux, ou, mieux encore, mais seulement vers la fin de la quatrième période, leur faire étudier dans les

1. Note K, p. 163.

musées, les originaux eux-mêmes. On pourra joindre à l'étude de l'antique celle de quelques sculptures de Michel-Ange et d'autres grands maîtres de la statuaire, afin de montrer qu'en dehors des admirables types grecs, il peut se produire de nouvelles conceptions de la beauté. Les musées et les bibliothèques offrent encore d'autres modèles également précieux, qui présentent d'innombrables sujets de copies, de croquis et d'observations.

Vers la fin de la quatrième période, le professeur décidera du moment où l'élève pourra, graduellement et dans une certaine mesure, être affranchi de la régularité des leçons et de la discipline de la classe. Alors, il le conduira lui-même dans les musées, il lui indiquera une tâche déterminée et en suivra régulièrement l'exécution.

Ici se développe et s'élève la mission du professeur. En présence des chefs-d'œuvre qu'il est appelé à faire comprendre, il doit, non seulement posséder les connaissances, le goût, le sentiment d'un véritable artiste : il lui faut encore savoir apprécier en professeur, c'est-à-dire, sans prédilection exclusive, avec une largeur compréhensive de toutes les belles expressions de l'art. Si grande que puisse être son admiration pour les maîtres, il n'oubliera pas que les jeunes gens, tout en les copiant, les étudiant avec passion, ne doivent pas s'absorber sans réserve dans l'imitation de leurs œuvres, afin de conserver intact ce qu'il y a de si précieux pour un artiste : son sentiment intime et sa propre initiative[1].

ÉTUDE DU MODÈLE VIVANT

L'étude du modèle vivant est des plus importantes. Aussi faut-il lui attribuer une large part pendant tout le cours de la quatrième période.

1. Note L, p. 163.

L'élève sera d'abord un peu troublé, en présence d'un modèle qui n'a plus l'immobilité absolue ni l'unité de ton des plâtres qu'il a étudiés jusqu'alors. Le professeur le rassurera quant à la durée de cette difficulté ordinairement très passagère. Il lui prescrira de commencer par plusieurs ensembles sans ombre, pour apprendre à saisir un mouvement avec rapidité [1]. Il le tiendra surtout en garde contre les détails trop multipliés et trop apparents, qu'il faut toujours subordonner à la masse, si l'on veut ennoblir la forme, simplifier et élargir l'effet.

C'est dans le dessin de la figure d'après nature que doit commencer à se manifester d'une manière décisive la façon particulière de sentir et d'exprimer de chaque élève. L'antique nous apparaît avec une perfection telle qu'on ne peut songer un seul instant à le modifier, à l'embellir. Le modèle vivant, au contraire, quelle qu'en puisse être la beauté relative, laisse toujours découvrir certains défauts à atténuer ou à corriger. Son aspect, dans la pose la plus tranquille, garde toujours de la mobilité, de la vie, quelque chose de flottant et d'indéterminé. Aussi chacun le voit d'une manière différente et l'exprimerait de même, si des causes fâcheuses ne venaient empêcher, trop souvent, cette conséquence naturelle.

On a vu quelquefois, dans certains ateliers ou dans certaines écoles, les figures faites d'après nature présenter toutes le même caractère, la même manière de faire, la même couleur, et l'on n'a pas craint de préconiser un pareil résultat. Le grand avantage des ateliers, disait-on, est d'être comme des enseignements mutuels, où les élèves les plus forts montrent, par leur exemple, comment il faut sentir et exécuter.

Le professeur, pénétré des principes de notre méthode, reconnaîtra, au contraire, dans cette similitude de résultats, le danger de l'éducation artistique donnée en commun. Sans en

1. Note M, p. 165.

méconnaître entièrement les avantages, il s'efforcera d'en atténuer les plus graves inconvénients. S'il aperçoit, chez un élève, la moindre tendance à imiter un de ses condisciples plus avancé ou à contrefaire les œuvres d'un artiste ancien ou moderne, fût-il des plus illustres, il l'arrêtera dès les premiers pas dans cette voie pernicieuse. Il lui fera sentir qu'il faut, avant tout, être soi-même, sous peine de perdre une part de sa dignité d'artiste. Les maîtres, dont les noms restent glorieux, sont ceux-là seuls dont l'individualité a été puissante et caractérisée.

L'étude de l'antique, combinée avec celle du modèle vivant, en est comme le correctif nécessaire. En ennoblissant le goût, elle le sauvegarde contre l'influence des laideurs et des pauvretés, dont nos plus beaux modèles ne sont pas toujours exempts.

Une réserve importante doit pourtant être faite à ce sujet : il ne faudrait pas, sous prétexte de corriger et d'ennoblir, substituer les formes de l'antique à celles du modèle [1], ainsi que l'ont fait la plupart des peintres du commencement de ce siècle, épris avec une passion peu judicieuse des beautés de la statuaire grecque. Un artiste peut, sans doute, se proposer, comme idéal de faire aussi beau que l'antique, mais non de la même manière.

L'antique nous montre réunies : la beauté, la simplicité, la noblesse, la vérité. Ces grandes qualités de l'art sont celles qu'il faut désirer posséder, parce qu'elles sont des causes fécondes. Les formes dans lesquelles elles se sont manifestées jusqu'ici ne sont pas les seules qu'elles puissent produire, car rien n'est venu détruire leur puissance créatrice.

Que les jeunes gens étudient donc la nature vivante en toute sincérité, sans parti pris, suivant leur faculté particulière de voir. Mais qu'ils perfectionnent cette faculté et l'élèvent, s'ils le peuvent, à la hauteur de celle des grands artistes de l'anti-

1. Beulé dans sa Notice sur Victor Schnetz raconte que « Schnetz, tandis qu'il posait, devait tenir une tete en plâtre de l'Antinoüs et lui donner la même pose; de sorte que David copiait à la fois le modèle vivant et le modèle antique... L.

quité et des autres glorieuses époques. C'est ainsi qu'ils pourront, à leur tour et dans les données différentes, concevoir des formes belles, nobles, vraies et en même temps nouvelles [1].

ANATOMIE

L'anatomie est le corollaire obligé de l'étude du modèle vivant, l'explication indispensable des formes de l'homme et des animaux [2]. Cependant ce secours si nécessaire à l'élève ne doit lui être donné que lorsqu'il a déjà dessiné quelques figures d'après nature, parce qu'il désire vivement alors connaître les causes déterminantes des formes extérieures et de leurs modifications, selon les divers mouvements.

Autre motif très sérieux de ne point faire étudier prématurément l'anatomie : on doit craindre d'entraîner les jeunes gens à substituer l'application de leurs connaissances anatomiques à l'imitation naïve du modèle.

C'est sans doute sous l'empire de cette pensée que *Ingres* avait proscrit de son atelier l'étude de l'anatomie. Mais le danger redouté, non sans raison, par l'illustre maître pourrait être évité, en n'enseignant l'anatomie qu'au moment opportun, c'est-à-dire lorsque les élèves auraient fait leurs preuves de sincérité et de naïveté, dans un certain nombre de dessins exécutés d'après nature,

Le professeur leur ferait comprendre facilement, alors, la possibilité et l'avantage de concilier la naïveté avec la science, en se rendant bien compte de la part légitime qui appartient à l'une et à l'autre.

L'anatomie des formes humaines enseigne les lois générales de ces formes, le modèle vivant en montre les caractères particuliers.

1. Note N, p. 165.
2. Note O, p. 165.

Les modèles, quels que soient la nature, le sexe ou l'âge de chacun d'eux, auront toujours les mêmes muscles. Ils auront toujours, par exemple, un deltoïde avec ses points d'attache déterminés. Voilà le fait général que constate l'anatomie, et dans la connaissance duquel l'élève trouvera une notion positive, assurée ; mais le deltoïde de chaque modèle présentera toujours quelques différences d'aspect ; c'est le caractère particulier que l'élève doit toujours être apte à exprimer dans ses diversités infinies.

Il existe plusieurs traités d'anatomie destinés spécialement aux sculpteurs et aux peintres ; mais les savants médecins auxquels ils sont dus n'ont pu toujours, malgré leurs excellentes intentions, se placer au véritable point de vue artistique. Aussi, ont-ils multiplié souvent les détails superflus, en omettant les plus nécessaires.

Il appartient au professeur de résumer ces différents ouvrages et d'en combler les lacunes essentielles. Ce petit travail, aussi abrégé que possible, devra être appris par cœur et possédé d'une manière imperturbable par les élèves qui devront répondre sans aucune hésitation à des questions faites devant le modèle, l'écorché ou le squelette ; voici quelques exemples de ces questions :

— Dites le nom de cet os et de ses apophyses ? — Nommez ce muscle ? — Dites-en les points d'attache ? — Indiquez ses tendons et ses aponévroses ? — Expliquez ses fonctions ? — Quelle est la raison de cette saillie ? — Est-elle musculaire ou osseuse ? — Expliquez les causes anatomiques des changements de formes résultant de ce mouvement ? — Rendez compte, par exemple, de la modification considérable qui se produit dans l'aspect du genou, suivant que la jambe est tendue ou fléchie ? — Donnez la raison de la différence de galbe que l'on remarque dans les contours internes et externes des membres supérieurs ou inférieurs soit, par exemple, de l'avant-bras ?

On variera et multipliera ces questions, en exigeant des réponses rapides, car l'artiste, soit qu'il copie la nature ou qu'il compose, n'a point le loisir de compulser des recueils. Il lui faut, en quelque sorte, savoir lire et écrire l'anatomie couramment. On aidera d'ailleurs beaucoup ce résultat en faisant suivre aux élèves les plus avancés quelques cours, où ils pourront assister à des dissections. On ne saurait trop recommander au professeur, comme moyen d'inculquer aux jeunes gens la connaissance approfondie de la construction humaine, l'exercice dont voici l'indication :

On fera d'abord dessiner d'après nature, par l'élève, une figure dans laquelle il accusera d'une manière marquée, exagérée même, toutes les saillies produites par les os. Puis, sur un calque de ce dessin et avec le squelette sous les yeux, ou possédé dans la mémoire, il dessinera chacun des os, en suivant, comme points de repère, toutes les saillies osseuses données par le modèle vivant et accusées sur le calque du dessin. Il aura ainsi un squelette ; non plus dans la pose roide et immuable du squelette ordinaire, mais dans le mouvement exact du modèle vivant.

La charpente osseuse ainsi établie, dans un mouvement vrai et déterminé, il reste à la revêtir de l'appareil musculaire : le calque donne les contours des muscles ; il suffit donc de les suivre, depuis ces points de repère extérieurs jusqu'à leurs insertions sur les os, et l'on aura réalisé, en dessin, la fiction du squelette et de l'écorché vivants.

Les dessins, dans lesquels sont obtenus ces résultats si instructifs, doivent être appris par cœur et dessinés de souvenir, sur la demande du professeur. C'est une des applications les plus importantes du dessin de mémoire ; car l'anatomie doit être possédée par l'artiste, en images précises, toujours présentes à son esprit.

Évidemment, les plus puissants dessinateurs, tels que Raphaël et surtout Michel-Ange, procédaient par le squelette revêtu de muscles.

C'est par la connaissance approfondie et pratique de la construction humaine, en en dégageant en quelque sorte la loi, que l'artiste peut devenir réellement créateur, et s'affranchir, à sa volonté, de la servitude imposée si souvent à l'école moderne, par le modèle.

DESSIN DE MÉMOIRE

Nous avons vu, dans la période précédente, les élèves exécuter de mémoire de petites têtes, d'après le dessin ou la gravure.

Ils entreprendront, maintenant, des têtes plus difficiles, puis des figures entières, pour passer à quelques groupes ou motifs d'après les maîtres. Viendront ensuite les études de mémoire d'après la ronde bosse, depuis des fragments de têtes antiques jusqu'à des figures entières ou des bas-reliefs.

Quant à la reproduction, de souvenir, des modèles vivants, elle doit être demandée avec une judicieuse réserve et, seulement, lorsque le caractère ou la beauté des formes sont vraiment dignes d'intérêt. Il y aurait grave inconvénient à meubler la mémoire des jeunes gens d'images laides, communes ou seulement insignifiantes. Car il ne faut jamais oublier que l'éducation de la mémoire doit être, en même temps, celle du goût.

C'est dans cette pensée que nous indiquerons, ici, un exercice très propre à cultiver le sentiment particulier du beau, dont chaque élève peut être doué.

A la fin d'une semaine de modèle, le professeur demanderait aux élèves la reproduction, de mémoire, de leur figure d'étude, idéalisée ainsi que nous allons l'expliquer :

Les jeunes gens, en exécutant leur étude d'après nature, ont dû se proposer surtout l'imitation fidèle ; s'ils ont remarqué dans leur modèle quelques défectuosités, ils n'ont pu les modifier qu'avec une grande réserve, dans la crainte de cesser d'être vrais. D'ailleurs, la nature présente s'imposait avec son charme et son autorité : loin d'elle et n'en ayant plus que le souvenir, ils reprennent possession de leur sentiment personnel. Ils redeviennent libres de corriger les défauts qui les ont blessés et de donner à la vérité, après l'avoir exprimée avec exactitude, les embellissements et les accents qu'ils lui désirent. Ils peuvent alors, pour répondre à l'appel qui leur est fait, reproduire de mémoire l'image du modèle en la perfectionnant, non point suivant certaines conventions imposées, mais selon leur propre conception, leur propre idéal.

Après avoir, par des exercices progressifs, rendu la mémoire apte à conserver l'image des formes fixes, telles que nous les présentent les dessins, la ronde bosse ou celles des formes plus changeantes des modèles vivants, il est temps de diriger définitivement cette faculté, fortifiée et assouplie vers sa véritable application artistique, qui est de retenir les effets fugitifs, les mouvements rapides et spontanés.

Pour atteindre ce résultat, il faut s'attacher d'abord à bien pénétrer les élèves de son importance, puis les engager à observer avec attention les scènes animées qui peuvent se présenter à eux dans leurs promenades, en choisissant de préférence, pour les premiers exercices, les sujets les plus simples, par exemple, un soldat en faction, un pauvre à la porte d'une église, un paysan portant un fardeau, etc., puis ces observations seront dessinées de mémoire, afin d'être soumises au professeur à un jour déterminé. Sans doute la vérification rigoureuse n'est plus, ici, possible, mais les élèves ont prouvé précédemment leur justesse d'observation dans des études où elle pouvait être constatée. Le professeur, prenant part, au moins dans les commencements, aux promenades de ses élèves, aura pu voir lui-même les sujets qu'ils auront choisis. Il doit y avoir, d'ailleurs, dans ces impressions directes de la nature, certains caractères de vérité ingénue, auxquels on ne saurait se tromper.

Peu à peu, la mémoire, acquérant plus de sûreté et de puissance, permettra de reproduire des actions plus compliquées : une cérémonie religieuse, une revue de troupes, un accident dans la rue, ou bien encore, suivant les préférences de certains élèves, un intérieur, des animaux, un paysage.

Ici. contrairement à ce qui a lieu dans les études ordinaires, la vocation particulière peut s'essayer et se reconnaître. Chacun livré à toute sa spontanéité, verra la nature à sa manière, en éprouvera une émotion différente, et trouvera une façon particulière de l'exprimer. Rien n'est donc plus propre que ces exercices à donner l'essor au sentiment vrai, à développer la personnalité, c'est-à-dire l'originalité véritable. Ils ont, de plus, l'avantage de donner l'habitude et le goût de l'observation et de faire de la mémoire comme un trésor où l'artiste viendra puiser largement, pour ses œuvres, des matériaux toujours variés et faits siens par le travail intime de l'assimilation[1].

PERSPECTIVE. — DESSIN D'ARCHITECTURE

La perspective et le dessin d'architecture peuvent être enseignés à part par des professeurs spéciaux. Cependant, le professeur dirigeant l'ensemble de l'éducation doit avoir une connaissance générale du dessin d'architecture. Quant à la perspective, il doit en bien comprendre les principes, et, surtout, en posséder le sentiment et l'esprit, afin d'en pénétrer les élèves, plus qu'on ne le fait généralement aujourd'hui.

Depuis l'époque où *Jean Cousin* a donné ses procédés fort ingénieux, mais peu pratiques, pour déterminer rigoureusement les raccourcis d'une figure humaine, on semble avoir renoncé

1. Note P, p. 166.

complètement à l'application de la perspective au dessin de la figure, et ces deux branches de l'art sont enseignées d'une manière entièrement séparées, sans se relier aucunement entre elles ; de là l'indifférence des élèves peintres pour la perspective dont ils ne peuvent apprécier les avantages.

Certes, il ne saurait être question de soumettre le dessin de la figure aux opérations géométriques de la perspective ; mais on aurait tort de ne point appliquer les principes essentiels de cette science à ce genre de dessin, comme à tous les autres, dans la limite du possible, afin d'éviter, au moins, les erreurs grossières si fréquentes dans les dessins d'étude. Tantôt les lignes fuyantes n'y convergent pas vers le point de vue, tantôt la hauteur de l'horizon semble avoir été entièrement oubliée et certaines parties du dessin qui devraient être vues en dessus sont, au contraire, vues en dessous et réciproquement, etc. Le professeur devra donc recommander aux élèves de se rendre toujours bien compte de leur point de vue sur la ligne d'horizon et du point de distance rabattu sur cette ligne. Ils devront également avoir présent à l'esprit le plan géométral et le plan perspectif, etc.

Tandis que ces notions élémentaires, appliquées au dessin habituel, commenceront à faire deviner aux élèves l'utilité pratique de la perspective, les études complètes de cette science seront poursuivies dans le cours spécial, et leurs belles applications artistiques ne tarderont pas à inspirer aux jeunes gens le haut intérêt qu'elles méritent.

PEINTURE

Les procédés de peinture restaient autrefois le secret des maîtres et de leurs écoles. Aussi, savons-nous fort peu de chose sur les moyens d'exécution usités par les grands coloristes flamands et italiens. Ce qui pouvait rester à ce sujet de précieuses traditions, chez quelques peintres français à la fin du siècle dernier[1] s'est à peu près complètement perdu dans la révolution artistique accomplie par David. Ce réformateur exclusif, passionné, affectait le plus profond dédain pour l'époque qui l'avait précédé. Il en répudiait non seulement le goût et les doctrines, mais encore les enseignements relatifs à la partie matérielle de l'art, et les interdisait à ses élèves. C'est pourquoi son école, dont est sortie presque entièrement la génération d'artistes à laquelle nous avons succédé, n'a pu nous transmettre que des procédés techniques, souvent défectueux et sans autorité.

Nous ne donnerons ces moyens aux élèves qu'avec toute réserve, non comme définitifs pour exécuter leurs œuvres d'artistes, mais, seulement, pour leur permettre de commencer l'étude de la peinture. Ils auront à les modifier, à les perfectionner, à les compléter eux-mêmes par le travail, l'expérience, l'observation de la nature et des ouvrages des grands coloristes.

Voici d'abord la composition de la palette pour l'élève commençant ; les couleurs étant rangées de droite à gauche dans l'ordre suivant :

Blanc d'argent, jaune de Naples, ocre jaune, terre de Sienne naturelle, terre de Sienne brûlée, cinabre, brun-rouge, laque de garance, bitume, terre d'Ombre brûlée, noir d'ivoire, bleu de Prusse[2].

Cette palette fort simple paraîtra même un peu pauvre. Mais elle a du moins l'avantage, pour les commençants, de les obliger à chercher leurs tons, sans le secours des nombreuses couleurs que l'on emploie aujourd'hui, et dont il leur sera loisible, plus tard, d'enrichir leur palette.

1. M. Rodin dit que Lecoq de Boisbaudran tenait à la tradition. Son atelier était un « atelier du XVIIIe siècle ». L.

2. Aujourd'hui toutes ces couleurs ne seraient pas admises comme permanentes. Le bitume, par exemple, est définitivement condamné. L.

Il est bien de commencer la peinture vers le milieu de la quatrième période d'enseignement, lorsque l'élève possède déjà une assez grande habileté en dessin. Car non seulement il faut, avant de peindre, mettre en place et dessiner, mais encore il importe de toujours poser et manier la couleur avec le sentiment permanent du modelé et de la forme.

Cependant, pour ne point trop différer l'exercice du maniement si difficile de la couleur, il serait très opportun, pendant que l'élève achèvera d'acquérir, dans le dessin, le degré de force nécessaire, de lui faire commencer l'étude des teintes de mémoire[1]. On pourra ainsi dès l'abord éprouver, rectifier au besoin, puis développer graduellement l'aptitude de l'œil à juger les teintes. En même temps, on donnera une première habitude des instruments de la peinture : palette, appuie-main, brosse, etc., de manière à dégager de ce premier embarras l'étude proprement dite. Mais le but vraiment important qu'il faut se proposer est de cultiver le sens de la mémoire de la couleur, dont les applications deviendront si utiles et si nombreuses dans la pratique de l'art.

Suivant toujours la même méthode que pour le dessin de mémoire, les teintes seront apprises puis exécutées par cœur[2].

Après ces préliminaires plus ou moins prolongés, suivant le jugement du professeur, l'élève entreprendra enfin l'étude de la peinture, en copiant quelques têtes peintes, puis ensuite différents objets de nature morte, d'après nature : fleurs, fruits, ustensiles, etc. Il trouvera dans cette étude, d'ailleurs très attrayante, l'occasion de juger et de comparer une grande variété de teintes et d'apprendre à les harmoniser.

Cette imitation d'objets naturels, mais immobiles, offrira une excellente transition pour conduire à la figure peinte, d'après le modèle vivant.

1. Voir *Éducation de la mémoire pittoresque*. — *Mémoire de la couleur*, p. 38.
2. Note Q, p. 166.

Afin d'augmenter l'intérêt de cette étude essentielle, traitée souvent d'une façon trop banale, trop monotone, il serait bon de varier quelquefois le fond de la figure ou d'en relever l'effet par quelques draperies de couleurs harmonieuses placées auprès du modèle, de manière à le faire valoir par d'heureuses oppositions.

Quant aux façons de procéder, le professeur pourra, pour les commencements du moins, donner les indications suivantes : on fera d'abord, avec le couteau à palette, quelques teintes d'après le modèle qu'il s'agit de copier, puis, après avoir dessiné le trait de ce modèle, sur la toile blanche, on commencera par les ombres, soit en les peignant aussi juste que possible, soit en indiquant seulement leur valeur avec une seule couleur, par exemple la terre d'Ombre brûlée, le noir d'ivoire, etc.; ce qui importe, c'est d'avoir des oppositions, des termes de comparaison, pour juger les demi-teintes et les lumières qui, placées seules au milieu de la toile blanche, seraient très difficiles à apprécier[1]. On devra, pour les mêmes motifs, indiquer, dès l'abord, la teinte ou la valeur du fond.

Il ne faut pas prétendre reproduire dès le commencement toutes les nuances que l'on peut voir sur le modèle, on doit, au contraire, chercher en clignant les yeux, la résultante de plusieurs teintes. Puis, par-dessus ce ton local, on posera de nouvelles touches pour modifier et compléter la couleur.

Si l'on exécute ce travail vivement et avant que les couleurs soient séchées, cela s'appelle peindre au premier coup; plus généralement, on commence par une ébauche, c'est-à-dire par un tâtonnement de la forme et du ton. Lorsque cette ébauche est sèche, lavée, et, si l'on veut, poncée, elle sert de dessous

1. « Un bon moyen à suivre, écrit Corot ; si votre toile est blanche, commencez par le ton le plus vigoureux. Suivez l'ordre jusqu'au ton le plus clair. Il est très peu logique de commencer par le ciel ». L.

pour continuer de nouvelles recherches, soit avec de solides empâtements, soit avec des demi-pâtes et des glacis.

Il existe une grande diversité de manières de peindre ; chaque artiste en adopte une, et la proclame naturellement supérieure à toutes les autres. Nous ne prétendons point juger ces procédés personnels, tous légitimes, s'ils arrivent à donner de bons résultats. Nous restons sur le terrain de l'enseignement ; en l'absence de leçons directes, transmises par les anciens maîtres coloristes, nous avons choisi, pour servir aux premières études, les moyens qui nous ont semblé les plus favorables à l'exercice et à la recherche. Ce sont là des conditions qui s'imposent au professeur, auquel, pour le reste, une grande liberté doit être laissée.

Il serait nuisible de trop s'étendre, dans une méthode écrite, sur les détails d'un enseignement qui doit être laissé au jugement spontané, au tact, au savoir de l'artiste qui le dirige. En peinture, d'ailleurs, plus encore que pour le dessin, la manière d'opérer, le travail, *le faire*, est pour une part importante dans le talent de l'artiste. Aussi, dès que l'élève a franchi les premières difficultés de la peinture, à l'aide des moyens que nous venons d'exposer, il ne faut plus lui imposer un procédé unique, mais, au contraire, lui conseiller d'en essayer plusieurs, afin qu'il puisse juger, choisir et se faire, pour la peinture, un mode d'expression approprié à sa manière de sentir.

Ce que le professeur peut demander à ses élèves en toute certitude et avec insistance, c'est la recherche des qualités essentielles de la peinture telles que la solidité, la transparence, la lumière, l'harmonie, etc. Mais il doit permettre au caractère de chaque élève de choisir, pour atteindre ce but, des moyens différents, fussent-ils inattendus et inusités.

Les tableaux des maîtres offrent ici de précieux secours. Qu'un élève, par exemple, soit porté, comme il arrive presque toujours dans les commencements, à la lourdeur dans les ombres, qu'il ne voie pas, qu'il tarde trop à sentir la transparence, on lui conseillera d'aller voir dans nos musées un des maîtres qui ont su donner à leurs ombres une transparence si admirable. Il en copiera même les fragments où la qualité qu'il cherche se montrera avec le plus d'évidence. Cette façon d'étudier les maîtres sera non moins profitable que celle qui consiste à en faire des copies sans but déterminé d'instruction, sans une leçon précise à leur demander.

En résumé, l'enseignement de la peinture doit, en instruisant les jeunes artistes, les guider toujours dans le sens de leurs dispositions naturelles, afin de seconder chacun d'eux dans la formation de son individualité de peintre et de coloriste.

COMPOSITION

Le moment le plus favorable pour commencer les exercices de la composition est le milieu du quatrième degré d'enseignement, lorsque les élèves, après plusieurs études sur le modèle vivant, ont déjà fait quelques dessins de mémoire, d'après nature ; car il ne peut y avoir de véritables compositions, sans observations personnelles préalables.

On voit quelquefois des jeunes gens, même des enfants, doués de dispositions inventives très précoces, être travaillés d'un véritable besoin d'imaginer. Il serait fâcheux de méconnaître d'aussi intéressantes dispositions, de les laisser périr faute d'aliments et d'exercices. La méthode doit en tenir compte, mais dans des conditions particulières, qui vont être expliquées.

Presque tous les enfants, longtemps avant d'avoir commencé le dessin, font ce qu'ils appellent des bonshommes. Ce sont, en général, des barbouillages informes, auxquels on n'accorde aucune attention; Léonard de Vinci, avec sa haute compétence et son esprit si judicieux, ne dédaigne pas cependant de s'en occuper. Il reconnaît une grande différence de dispositions chez l'enfant qui fait invariablement les mêmes profils et chez celui qui présente ses personnages de face et de trois quarts, ce qui indique, en effet, beaucoup plus d'observation.

Dès le début du premier degré d'enseignement, le professeur encouragera donc les commençants à lui montrer *les bons-hommes* qu'ils auront pu faire dans leurs moments de loisir; il leur donnera quelques conseils qui seront, en général, des appels à l'observation. Si, pour nous expliquer par un exemple, nous supposons qu'un de ces essais enfantins représente un cavalier très disproportionné avec sa monture, le professeur engagera l'élève à remarquer, sur les cavaliers qu'il verra passer dans la rue, les rapports de grandeur de l'homme et du cheval. Suivant toute probabilité, ces proportions finiront par être mieux observées dans des essais successifs. Il est bien préférable de provoquer l'attention et les remarques des enfants sur les objets réels, plutôt que sur leur représentation dans des tableaux ou des gravures.

Le professeur continuera ce petit enseignement facultatif, parallèlement aux véritables études, sans jamais paraître le considérer comme chose sérieuse et obligée. Il faut que ces petits préludes à la composition restent, pour les jeunes élèves, un plaisir et une distraction tout volontaires. Ceux d'entre eux qui continueront librement, avec entrain et persévérance, depuis le premier jusqu'au quatrième degré, pourront arriver à des résultats extrêmement intéressants et très favorables pour commencer d'une manière sérieuse l'étude de la composition.

Cette étude demande de la part du professeur les précautions les plus attentives, car elle ne se propose rien moins que de développer l'une des facultés les plus délicates et les plus intimes : l'invention, qu'il faut se garder de laisser confondre avec la compilation plus ou moins adroitement dissimulée.

L'invention, de sa nature, est personnelle ou elle n'est pas : c'est pourquoi la préoccupation majeure doit être ici la préservation de la personnalité. Dès lors, on le comprend, il serait dangereux de demander aux jeunes gens des compositions sans rapport avec leurs idées acquises et les observations qu'ils ont pu recueillir par eux-mêmes ; ce serait les entraîner à emprunter leurs idées aux œuvres connues, au lieu de les habituer à puiser dans leur propre fonds.

On commencera donc par quelques sujets dont les matériaux naturels peuvent être facilement réunis. Il s'agira, par exemple, de composer une rosace une couronne, une guirlande, avec des fleurs et des plantes vivantes, mises à la disposition des élèves.

En arrivant successivement aux compositions plus difficiles où se montre et domine la figure humaine, il faut continuer à choisir des sujets à la portée des élèves et en accord avec les aspects naturels qu'ils ont pu voir et observer. S'ils ont fait un séjour à la campagne, on leur demandera une vendange ou des épisodes de vendange, une moisson ou tout autre sujet se rattachant aux scènes de la vie champêtre.

Le professeur pourra dire aux élèves, au commencement d'une saison, du printemps, par exemple :

— Vous aurez à composer un sujet dans lequel vous devrez caractériser le printemps ; je vous laisse toute liberté quant au choix de vos moyens ; fleurs, paysages, animaux, figures ; préparez-vous, observez la nature dans vos promenades, cherchez à saisir et à exprimer les impressions que vous recevrez du printemps, de manière à les communiquer aux spectateurs.

On a souvent parlé des règles de la composition. Il n'y a pas de règles proprement dites[1], il y a des convenances, que les

1. Comparez une lettre de J.-F. Millet, appartenant au British Museum à Londres, dans laquelle il écrit : « J'en ai aussi rencontré de ces gens-là, qui vous disent avec tout plein d'importance et de l'air de quelqu'un très sûr de dire une chose qui doit rester : « Enfin vous ne le nierez pas, il y a pourtant des règles de « composition ! » Et ils se trouvent bien forts en le disant, car ils l'ont réellement lu. Comme je crois depuis longtemps que la composition n'est que le moyen de communiquer aux autres le plus clairement et fortement possible ce qu'on a dans l'esprit, et que la pensée est toute seule capable de faire imaginer les moyens d'aboutir à cette fin là, jugez de l'embarras... » L.

élèves accepteront volontiers, sans qu'elles soient érigées en règles absolues et imposées comme telles. La raison admettra d'elle-même l'unité de temps, l'unité de lieu, l'importance de la clarté dans l'exposition du sujet, la nécessité pour tout dessin et toute peinture de s'expliquer spontanément par les moyeus qui leur sont propres, sans avoir besoin d'explications écrites.

Quant à ce prétendu principe de la forme pyramidale donné comme règle générale et que devraient affecter toutes les compositions de style, rien n'est plus propre à paralyser l'initiative, à uniformiser toutes les conceptions.

Nous avons déjà parlé des inconvénients attachés à l'enseignement artistique, donné en commun; ils sont graves surtout lorsqu'il s'agit de composition où il importe que les élèves ne puissent s'emprunter mutuellement leurs idées, fût-ce même involontairement.

Pour prévenir ce danger, le professeur évitera de donner le même programme à plusieurs élèves à la fois, à moins, cependant, qu'il ne prescrive pour chaque esquisse une forme et une grandeur différentes. Cela est surtout applicable lorsqu'il s'agit de motifs décoratifs, car, dans la pratique, ces sortes de compositions doivent presque toujours avoir des formes et des dimensions déterminées.

Il y a là, d'ailleurs, un excellent exercice pour cette partie de la composition qu'on appelle l'arrangement. Ces conditions de formes et de grandeurs imposées qui peuvent paraître, au premier abord, exiger un vain tour de force, créer une difficulté inutile, deviennent souvent la cause d'une recherche plus énergique et, par suite, de résultats plus parfaits. C'est quelque chose d'analogue à l'effet obtenu dans les études littéraires par l'exercice de la versification.

On peut imaginer une infinité de moyens divers pour former les élèves à la composition ; je n'en citerai qu'un exemple :

On ferait choix d'un sujet. Ce serait, si l'on veut, un faune jouant avec une chèvre. Un modèle approprié à la nature d'un faune serait mis à la disposition de l'élève, pendant une heure ou deux, afin que celui-ci se pénètre bien de la nature vivante, au point de vue de sa composition; qu'il essaie la possibilité du mouvement conçu dans son esprit, qu'il observe particulièrement les endroits toujours difficiles : les extrémités, les attaches, les raccourcis, et en prenne même quelques notes dessinées, s'il le juge nécessaire. Il devrait surtout observer et confier ses remarques à sa mémoire. Il aurait, ensuite, à étudier également par l'observation une chèvre vivante. Puis, muni de ces deux souvenirs, seul avec ses réflexions, sa manière de sentir et d'exprimer, il exécuterait une composition nécessairement originale, parce qu'elle émanerait réellement de lui.

Après les sujets dont tous les matériaux peuvent être donnés par la nature et rassemblés sous les yeux des élèves, on passera par une gradation méthodique, à des compositions donnant à l'invention une part de plus en plus considérable.

C'est ici que l'imagination trouvera tout l'exercice nécessaire à son développement. Elle deviendra de plus en plus apte à sa fonction si importante qui est de conclure du connu à l'inconnu, du réel à l'idéal, en un mot d'inventer, par la puissance de l'induction et du sentiment artistique.

Quant aux compositions qu'on appelle historiques, elles seront réservées pour la fin de la dernière période de l'enseignement; alors seulement les élèves pourront s'y trouver convenablement préparés.

LETTRE CINQUIÈME

CINQUIÈME DEGRÉ D'ENSEIGNEMENT

Je pourrais arrêter ici cet exposé de méthode, car je considère l'enseignement déjà donné comme assez complet pour permettre aux jeunes gens, qui l'ont suivi d'une manière sérieuse, de se livrer définitivement, suivant leur choix et leurs aptitudes, aux différentes applications du dessin et de la peinture [1].

L'ensemble d'instruction donné dans la quatrième période, surabondant pour beaucoup d'industries artistiques, peut suffire à toutes les spécialisations de l'art proprement dit. Ainsi, un jeune homme porté par sa vocation à peindre des scènes familières, des épisodes de la vie contemporaine, trouvera dans ses études du quatrième degré toutes les préparations nécessaires.

Il a acquis, en effet, des moyens d'exécution choisis par lui et rendus siens. Son goût, sa sincérité, son originalité naturelle ont été conservés et cultivés avec sollicitude. Il a enfin appris à observer, à retenir ses observations. Il n'a plus qu'à regarder autour de lui dans ses promenades, dans ses voyages ; il y trouvera en foule des sujets et des matériaux propres à être mis en œuvre dans ses compositions.

Il n'en est pas de même pour le jeune homme qui, après avoir suivi les mêmes études, se sent attiré vers le grand art. Lui aussi, sans doute, est pourvu des moyens d'exprimer ses pensées, mais elles ne sont point en rapport avec les aspects qui frappent habituellement ses yeux. Bien peu de chose, dans ce qui l'environne, peut satisfaire son goût et l'aider dans ses recherches de la beauté. Les types qui se présentent à lui sont généralement vulgaires, les costumes laids, souvent ridicules, d'ailleurs incessamment livrés aux caprices de la mode. Nos mœurs comportent de moins en moins la liberté, l'ampleur du geste, l'expression naturelle de la physionomie; elles proscrivent surtout le nu : élément par excellence de l'art grandiose.

Le jeune artiste épris d'idéal ne voit donc rien qui réponde à ses aspirations, si ce n'est les chefs-d'œuvre de l'antiquité et des

1. Je ne considere l'enseignement comme complet, qu'en tenant compte de tous les développements que l'initiative du professeur doit ajouter aux indications de la méthode.

grands maîtres. Que fera-t-il ? que pourra-t-il faire lorsqu'il voudra traiter les sujets de grand style ? Il sera réduit à reproduire incessamment des formes, des tournures, des arrangements, empruntés à ces chefs-d'œuvre, dont il est exclusivement impressionné.

Est-ce donc là comprendre les grands maîtres et savoir les imiter ? Non certes, ces grands artistes ne se contentaient pas de copier leurs devanciers, puisqu'ils apportaient chacun à leur tour un style, un caractère différent, une nouvelle acception de l'art. Parmi les dons magnifiques qu'ils tenaient de la nature, ils avaient assurément reçu l'instinct du grand et du beau. Mais ce sentiment inné de la beauté et de la grandeur était développé et ravivé, sans cesse, par les spectacles pittoresques et grandioses que présentaient alors la beauté des formes humaines, la noblesse du costume, la dignité du geste et des tournures, les fêtes, les cérémonies, en un mot, la vie des civilisations au milieu desquelles ils se trouvaient. C'est ainsi qu'en Grèce, à Rome, à Venise, les artistes, tout en gardant les grandes traditions desquelles ils procédaient, pouvaient puiser, autour d'eux, des inspirations élevées, vivantes, sans cesse renouvelées.

Il faut bien en convenir, la jeunesse de notre temps est loin de posséder de pareils avantages ; elle se trouve, au contraire, dans des conditions très défavorables. On lui demande des œuvres de l'ordre le plus élevé, sans songer qu'elle manque entièrement des secours qui étaient nécessaires même aux plus illustres maîtres, c'est-à-dire des matériaux vivants, propres au grand art. C'est là un mal regrettable auquel il faut chercher un remède, au moins dans la limite du possible.

Dans cette pensée, j'ai ajouté aux quatre premiers degrés d'enseignement, dont se compose déjà cette méthode, un cinquième degré que j'appelle l'enseignement supérieur, sorte de milieu artistique où les jeunes gens pourront trouver, bien que dans des conditions restreintes, quelques-uns de ces aspects dont les maîtres s'inspiraient autrefois[1].

Tous mes enseignements concourront à ce but. Repris au point où ils avaient été conduits à la fin du quatrième degré, ils recevront leur complément, en présentant toujours à l'observation artistique des scènes animées et pittoresques. L'anatomie, par exemple, sera démontrée sur des modèles agissant sous les yeux des élèves, de manière à leur faire voir, dans la réalité vivante, tout ce qui leur avait été enseigné précédemment sur le squelette ou sur le cadavre, et surtout à leur faire comprendre, d'une manière saisissante, la beauté plastique de la structure humaine.

La perspective, sérieusement étudiée déjà sur le papier, sera pratiquement démontrée sur la nature même, dans des intérieurs d'édifices ou en pleine campagne. Des modèles placés à des distances déterminées viendront animer la scène et donner à l'étude son plus haut intérêt, soit que l'on subordonne ces figures à l'ensemble du tableau, soit qu'on les considère comme en étant les sujets principaux.

De nombreuses expériences faites par les élèves eux-mêmes confirmeront leurs études théoriques, en leur fournissant des notions positives, d'une application journalière, sur la dégradation des grandeurs, suivant leur éloignement, sur les raccourcis de la figure humaine et ses rapports de proportion avec les objets qui l'entourent. L'observation rendra évidents une foule de faits relatifs à la perspective, qu'il faut avoir vus sur la nature, pour les bien comprendre, tels que l'importance du point de distance et celle du degré de son éloignement, suffisant à éviter les déformations apparentes des objets.

Les jeunes gens sentiront alors la raison de certaines inexactitudes volontaires, usitées par les plus habiles praticiens. Ils

1 Voir *Éducation de la mémoire pittoresque*. — Enseignement supérieur, p. 42.

pourront s'essayer, à leur tour, à ces compromis entre le goût et la rigueur des principes, que l'on appelle la perspective de sentiment, et que permettent, seules, la connaissance approfondie des règles et l'observation répétée de la nature.

La perspective aérienne ne saurait s'enseigner d'une manière rigoureuse ; elle peut être étudiée au moyen d'observations spéciales. Des expériences seront donc faites en présence des élèves sur les modifications que reçoivent les teintes en proportion de leur degré d'éloignement. Voici quelques spécimens de ces expériences : des modèles nus, ou drapés de différentes couleurs, seront placés, semblables à des jalons, à différentes distances ; ils fourniront ainsi d'instructives remarques sur l'effet des teintes, ombres et lumières, selon les différents éloignements. Si les modèles sont vêtus de draperies d'une même teinte et placés à des distances mesurées d'avance, l'observateur pourra apprécier les modifications de cette couleur résultant d'éloignements connus : une colonnade, une allée d'arbres pourront être l'objet d'expériences analogues.

Ces observations de perspective aérienne diversifiées à volonté devront être conservées en image dans la mémoire ; elles deviendront ainsi pour l'artiste les renseignements les plus utiles, les secours les plus précieux.

Le modèle vivant, posant dans l'atelier, a été le sujet d'une des études les plus importantes du quatrième degré ; mais l'enseignement supérieur n'a plus à s'occuper de poses académiques. Son but est de montrer l'homme agissant dans sa liberté et sa spontanéité. On ne dira plus, par exemple, à un modèle : — Prenez la pose d'un homme qui porterait une pierre. On lui dira : — Portez cette pierre de cet endroit à cet autre.

Les élèves qui l'observeront, le suivant dans ce trajet, assisteront à une suite de mouvements toujours vrais, et presque toujours beaux, parce qu'ils seront naturels et justes. En effet, le modèle soulèvera la pierre avec l'effort nécessaire, marchera comme on marche, en portant un fardeau de cette forme et de ce poids, et son action sera nécessairement vraie encore, lorsqu'il déposera la pierre au but désigné. Qu'on se rappelle que les élèves du cinquième degré sont exercés à l'observation rapide, et l'on comprendra tout le fruit qu'ils peuvent retirer de semblables exercices souvent répétés.

La réunion de plusieurs modèles permettra des actions plus compliquées. Quelques-uns d'entre eux devront porter des vêtements de différents styles et de différentes époques, afin de servir à l'étude archéologique du costume. Les draperies antiques occuperont surtout l'attention et exciteront le plus vif intérêt, lorsque les modèles qui en seront revêtus se livreront à diverses actions, ainsi que nous venons de le dire tout à l'heure. Les jeunes spectateurs verront alors, à chaque instant, d'heureuses dispositions de plis, des motifs admirables résulter sans effort de la liberté des mouvements et de la vérité de l'action.

La beauté de ces scènes animées et leur intérêt pour l'étude seront encore augmentés par les conditions d'effet, dans lesquelles elles se produiront. Nues ou drapées, ces figures formant des groupes pittoresques seront éclairées non plus par le jour toujours le même de l'atelier ; mais par toutes les variétés de la lumière du ciel. Elles auront pour fond les arbres, les nuages, les lointains vaporeux ; on les verra se détacher tour à tour en lumière ou en ombre vigoureuse.

D'autres impressions également saisissantes viendront émouvoir les jeunes artistes et les élever vers le grand style, lorsque, dans l'intérieur d'un monument, ils verront des figures drapées avec noblesse, passer sous des portiques, monter ou descendre de vastes escaliers, apparaître sur des galeries, se combiner enfin dans des harmonies grandioses avec les lignes et les formes de l'architecture [1].

1. Voir *Éducation de la mémoire pittoresque*, p. 45.

Que de précieux enseignements, que de sujets d'admiration dans ces vivants et splendides spectacles pour les jeunes gens qui en seront entourés ! En y retrouvant, de toutes parts, le souvenir des œuvres des grands maîtres de la forme et de la couleur, ils reconnaîtront combien ces génies divers ont puisé aux sources vives de la nature, chacun avec son sentiment et son caractère propre, donnant ainsi le véritable exemple à suivre, pour les imiter.

Pénétrés de ces réflexions, émus par tout ce qui aura excité leur enthousiasme, ces jeunes peintres seront pleins du désir d'exprimer leurs pensées, et prêts à répondre à l'appel du professeur, lorsqu'il leur demandera d'exécuter de mémoire des dessins ou des peintures, sorte de comptes rendus de ce qui les aura le plus vivement frappés. Ils comprendront mieux que jamais alors les précieux avantages de la mémoire qui leur a permis de prendre possession d'effets si changeants, d'actions si rapides, en un mot, de la nature et de la vie. Dans ces comptes rendus, exécutés par les élèves, apparaîtront les diversités de nature de chacun d'eux, toutes les aptitudes innées que leur éducation a pris tant de soin à préserver, à garder intactes en les perfectionnant.

Ces comptes rendus, d'ailleurs, ne seront pas toujours des reproductions exactes des belles choses que nos jeunes gens auront vues. Ils pourront être aussi l'expression des idées que ces spectacles de la nature leur auront fait concevoir.

Après une pratique suffisante de ces exercices, une fréquentation assez prolongée des séances de l'enseignement supérieur, les jeunes gens pourront se livrer enfin à la composition de grand style [1].

Ils ont, en quelque sorte, vécu dans les époques et les pays poétiques. Leur esprit s'y est élevé et ennobli, ils rapportent

1. Note R, p. 166.

dans leur mémoire comme de précieux matériaux, une foule de faits pittoresques et inédits ; leur imagination saura les idéaliser, en les combinant de mille manières, dans les compositions qui viendront compléter et clore les exercices du cinquième et dernier degré d'enseignement.

Ici se trouve terminé le rôle de l'éducation dont nous avons essayé d'esquisser le plan, depuis ses premiers principes et leurs déductions élémentaires, jusqu'à leurs applications les plus avancées.

Les élèves, devenus désormais des artistes, doivent être livrés à eux-mêmes pour l'exécution de leurs œuvres. Si la méthode a réussi dans sa mission, qui est de faire germer en eux les grandes qualités de l'art, ils peuvent aborder la phase pratique en s'écriant : *Anch'io son pittore !*

Eux aussi sont prêts pour l'éclosion. Ils possèdent : les facultés d'observation et de souvenir, l'amour de l'art et de la nature, l'esprit des belles traditions. Leur génie individuel conservé, affermi, développé dans son originalité native, est enfin servi et complété par le savoir.

ÉPILOGUE

On s'étonnera peut-être, en lisant les lettres qui précèdent, qu'étant destinées, dans l'origine, au directeur d'une école de province, elles insistent sur les avantages que les musées de Paris peuvent offrir pour l'enseignement de l'art. Je crois donc devoir expliquer toute ma pensée à ce sujet.

Pour mieux faire comprendre le jeu et les développements de cette méthode, je l'ai supposée d'abord appliquée à Paris, c'est-à-dire dans le milieu considéré comme le plus favorable à l'enseignement artistique, à cause de ses musées, de ses bibliothèques, de ses riches collections d'objets d'art. On comprendra néanmoins que nos principales villes de province, possédant, elles aussi, des musées, des bibliothèques, de nombreux moulages exécutés sur l'antique, sont en mesure, dans des conditions plus modestes, de suivre les prescriptions de notre enseignement.

Mais il existe des écoles éloignées de tout grand centre artistique, qui se croient, ainsi, privées des ressources les plus indispensables. La plupart des professeurs chargés de la direction de ces écoles se plaignent amèrement des désavantages de leur position et s'abandonnent au découragement.

Avant de considérer leur tâche comme impossible, l'ont-ils suffisamment examinée et comprise? Le séjour d'une province éloignée n'offrirait-il pas au point de vue de l'enseignement de l'art, certaines compensations, certains avantages qui résultent du fait même de l'isolement? Il y aurait là, à notre avis, une expérience importante à tenter et digne d'être entreprise par un professeur de vrai mérite, relégué par les circonstances au fond d'une province comme il arrive quelquefois.

Pour rendre possible le succès de la tentative que nous proposons, on devrait commencer, avant tout, par oublier Paris, et renoncer à préparer des élèves pour ses concours. Puis, après s'être bien pénétré des principes de notre méthode, il faudrait en aborder l'application avec résolution et conscience. On reconnaîtrait, tout d'abord, que les études des premier, deuxième et troisième degrés sont applicables partout aussi bien qu'à Paris. Les difficultés ne peuvent commencer, pour l'enseignement en province, qu'à partir du quatrième degré, lorsque l'étude des grands maîtres est recommandée aux élèves. Certes, cette étude est précieuse et le plus souvent féconde. Cependant, la fréquentation prématurée des musées, *impossible à empêcher à Paris*, peut avoir, pour de trop jeunes élèves, de sérieux inconvénients. Il est à craindre, par exemple, qu'elle ne les excite à prendre les idées des maîtres au lieu d'en chercher en eux-mêmes, et de s'exercer à en produire; or, la faculté d'invention, si elle n'est point exercée et cultivée de bonne heure, s'engourdit bientôt et ne tarde pas à s'éteindre.

Le professeur de province n'aurait pas à craindre de pareils dangers : affranchi de nos concurrences, souvent déloyales, seul, et, par conséquent, libre de son action, il pourrait exiger l'énergie dans le travail et la pratique rigoureuse de ses moyens d'enseignement. Sans doute, il serait obligé de diminuer, dans les études, la part ordinaire de la tradition, mais celle de la nature en deviendrait d'autant plus grande. Le dessin d'après le modèle vivant, l'anatomie, la perspective resteraient toujours les bases essentielles de l'instruction des élèves ; par la mémoire et l'observation cultivées, ils saisiraient et s'approprieraient tous les sites remarquables, toutes les scènes intéressantes de la contrée. Or, dans tous pays, se trouvent toujours des sujets dignes d'intéresser des artistes et capables de leur inspirer des œuvres.

Quant à la peinture, elle ne saurait manquer entièrement d'enseignements et de modèles partout où la lumière du ciel répand sur les objets la richesse et la variété de ses teintes. Enfin, et pour couronner la série des études, les exercices du cinquième degré, appliqués dans ce qu'ils auraient de possible, viendraient répondre aux aspirations de certains esprits élevés et poétiques.

Si l'on comparait, par la pensée, cet enseignement à celui qui pourrait être donné dans des villes de premier ordre, on y trouverait certainement de nombreuses et importantes lacunes ; mais on apprécierait, en même temps, les avantages d'un milieu calme, tranquille, isolé, propre à développer le sentiment intime, les qualités naturelles de chaque élève, dans toute leur pureté et dans toute leur fraîcheur. Là, entourés de soins et de précautions préservatrices, des talents vraiment nouveaux, naïfs, primesautiers, pourraient naître, grandir, acquérir une force de savoir et de conviction capable de les garantir contre les dangers des influences du dehors. Il serait temps, alors, de compléter l'œuvre de l'éducation par les voyages, l'étude et l'observation des grands maîtres.

Ainsi ont procédé plusieurs des artistes les plus illustres; Rubens n'entreprit son premier voyage en Italie, qu'après avoir acquis la plénitude de son talent et développé complètement l'originalité si puissante qui le caractérise. Aussi, l'impression profonde, produite sur son esprit par les chefs-d'œuvre qu'il voyait pour la première fois, ne porta-t-elle aucune atteinte à sa haute personnalité. Nous voyons dans ses admirables dessins, d'après Léonard de Vinci, à quel point, tout en copiant les grands modèles et y puisant des inspirations, il restait toujours lui-même.

Si Rubens, au lieu de visiter Rome en temps opportun, y avait été élevé chez l'un des maîtres célèbres de cette époque, on compterait certainement un grand artiste de plus parmi ceux de l'école romaine, mais le splendide génie de la peinture flamande ne se serait pas révélé ; nous ne connaîtrions pas Rubens !

Il existait autrefois des circonstances politiques et économiques, des difficultés de communications qui tenaient les différentes écoles éloignées les unes des autres, et les obligeaient à se développer séparément. De là, pour une grande part, le caractère individuel, particulier, de chacune d'elles. Quoi de plus diverses que les écoles flamandes, hollandaises, espagnoles ou les différentes écoles italiennes ? Ces dernières, bien que fleurissant dans des villes souvent très rapprochées les unes des autres, se trouvaient, en effet, séparées par des haines, des rivalités, des guerres continuelles, qui équivalaient à des distances infranchissables.

La marche de la civilisation a amené, pour les arts, un état de choses entièrement opposé. La facilité, la rapidité des communications, la fréquence des expositions partielles, nationales, universelles mettent continuellement en contact les artistes de tous les pays et de toutes les doctrines.

Ils échangent et s'empruntent incessamment leurs idées, leurs procédés, leurs styles. C'est aussi, dans ces expositions, que s'agitent les questions de ventes et de commandes des ouvrages.

De l'ensemble de ces faits essentiellement modernes, résulte, pour l'art, une situation nouvelle. Sans en entreprendre l'étude compliquée, on peut signaler parmi ses principaux caractères : une tendance au nivellement, une certaine élévation de la moyenne des talents, l'accroissement continu du nombre des artistes. Il faut bien, aussi, constater de tristes préoccupations mercantiles, l'abandon trop fréquent de l'art convaincu et désintéressé, pour la recherche ardente du succès lucratif. On peut remarquer enfin qu'au milieu d'une production toujours plus abondante et souvent habile, les œuvres vraiment supérieures et magistrales deviennent de plus en plus rares.

Notre temps se différencie chaque jour davantage de celui des anciens maîtres ; on comptait autrefois des écoles nombreuses et diverses ; on peut dire, aujourd'hui, qu'il n'en existe plus qu'une seule en Europe ; les légères différences qui distinguent encore certains pays auront bientôt disparu.

Il ne s'agit, en aucune manière de regretter, au nom de l'art, des époques de morcellement et de violence, ni de maudire les progrès des sociétés modernes. C'est, au contraire, de la continuation de cette marche progressive qu'il faut attendre le remède et le perfectionnement.

La civilisation, autrement puissante que la lance d'Achille, saura bien guérir le mal passager qu'elle aura pu faire.

Que les amis du progrès artistique aient donc confiance dans l'avenir, qu'ils l'aident dès maintenant dans son œuvre. Qu'ils reconnaissent d'abord que, parmi les nombreuses et difficiles questions à résoudre, l'une des plus urgentes et des plus vitales pour l'art est celle de son enseignement.

Il est temps de concilier enfin le travail régulier, les fortes études, avec la liberté de ses essors naturels. L'éducation, en développant chez les jeunes gens des convictions personnelles, profondes, pourra seule faire naître en eux le désir ardent, le besoin impérieux de les exprimer, et absorber ainsi les sentiments vulgaires et intéressés, dans la passion supérieure et généreuse de l'art.

NOTES COMPLÉMENTAIRES

NOTE *A* (de p. 105).

A. Si la plupart de nos anciens modèles de dessin ont donné des résultats déplorables, ce n'est point, comme on semble souvent le croire, parce qu'ils représentaient des figures, mais bien parce qu'ils étaient essentiellement défectueux, et affectaient des complications sans rapports avec les premières études. N'étant ni classés ni judicieusement gradués, ils ne pouvaient s'expliquer, se préparer successivement les uns par les autres. Ainsi présentés aux élèves sans aucune méthode, ils n'en étaient nullement compris et devenaient pour eux des espèces de tours de force calligraphiques, impossibles à exécuter. De là des efforts infructueux, le découragement, le dégoût.

Il est de toute évidence que, dans tous les temps, avec d'aussi fâcheuses conditions, les mêmes résultats se produiraient fatalement quels que soient d'ailleurs les sujets représentés par les modèles.

Sachons profiter des tristes expériences que l'enseignement vient de faire, mais reconnaissons qu'elles ne portent aucune atteinte à l'autorité de maîtres tels que : *Cennino Cennini*, *Léonard de Vinci*, *Benvenuto Cellini*, *Vasari*, *Lomazzo*, *Armenini*, *Jean Cousin*, etc., etc., qui tous ont prescrit l'emploi des modèles de figures et de fragments de figures dessinés ou gravés.

NOTE *B* (de p. 107).

B. Le principe si naturel, si logique de la succession graduelle des difficultés, est entièrement méconnu dans un grand nombre de méthodes de dessin. On y place souvent des exercices très difficiles, avant d'autres beaucoup plus aisés, sans se préoccuper d'aucun ordre rationnel.

Ces erreurs très graves en éducation, sont presque toujours appuyées sur l'autorité de la nature. On nous dit, par exemple : Les objets dont la nature nous offre l'aspect frappent d'abord nos yeux par leurs masses et non par leurs détails. D'où il suit que tout élève en dessin doit commencer par établir des masses.

Cette prescription, bien que déduite peu logiquement, serait assurément excellente pour des élèves suffisamment avancés; elle peut être très nuisible à des commençants du premier jour. On les jette dans le plus grand trouble en leur imposant une tâche beaucoup trop difficile et trop compliquée, qu'ils ne peuvent ni exécuter ni comprendre. Cette indication de la masse demandée sans aucune des préparations nécessaires présente-t-elle, du moins, un exercice favorable au développement des facultés premières de rectitude et de précision? Loin de là, puisque la masse, par sa nature même, ne peut jamais être qu'un à peu près.

Il est, sans doute, fort louable de prendre la nature pour modèle, mais il faudrait toujours l'imiter dans l'ordre de faits dont il est question. S'il s'agit d'éducation, il faut observer la nature, lorsqu'elle enseigne, et non dans ses autres actes. Voyons donc comment elle procède dans l'éducation des animaux.

Les petits oiseaux, par exemple, commencent, sous la direction du père et de la mère, par exercer leurs ailes, en essayant des mouvements d'abord très faibles, c'est-à-dire proportionnés à leurs forces naissantes. Puis, ces forces augmentant par l'exercice, les mouvements deviennent plus forts et plus compliqués. C'est, seulement, après avoir développé suffisamment leurs organes nécessaires pour voler, qu'ils s'essaient au bord du nid, puis enfin s'élancent dans l'espace. Si donc on veut réellement suivre l'exemple de la nature en éducation on procédera, comme elle, du simple au composé, et l'on commencera, avant tout, par exercer et développer les facultés et les organes essentiels dans l'ordre des connaissances que l'on se propose de faire acquérir. S'il s'agit du dessin, il faut évidemment exercer d'abord la justesse de l'œil et l'habileté de la main.

NOTE *C* (de p. 107).

C. Il serait sans doute possible de faciliter et d'abréger notablement les commencements du dessin, au moyen d'exercices préparatoires, dont j'ai déjà proposé l'essai dans les écoles primaires, et sur lesquels j'appelle de nouveau l'attention. Je m'exprimais ainsi sur ce sujet, en 1872, dans *Coup d'œil sur l'enseignement des beaux-arts* : p. 24.

« . . . . . Sur une feuille de papier ou sur un tableau noir serait tracée une ligne droite sur laquelle on indiquerait, par deux points, une grandeur métrique, soit un centimètre. Puis les enfants, munis d'un crayon, devraient, à tour de rôle, reproduire la même grandeur sur une autre ligne droite préalablement tracée. Dès que cette petite opération leur serait devenue familière, ils auraient à la répéter de mémoire, c'est-à-dire sans avoir sous les yeux le modèle de la grandeur à indiquer.

« On ne tarderait pas, je l'espère, à fixer ainsi dans la mémoire des enfants le souvenir précis d'un centimètre, puis de plusieurs, du mètre tout entier, de plusieurs mètres, etc.

« Il est impossible d'indiquer ici tout le développement, toute la variété que ces exercices pourraient recevoir. Ils s'appliqueraient bientôt à tous les objets qui seraient sous les yeux des enfants.

« On pourrait demander, par exemple, d'évaluer en mesure métrique les carreaux d'une fenêtre, la fenêtre elle-même; le rapport existant entre la hauteur et la largeur de la porte; la distance qui sépare entre eux les arbres du jardin. Ces petites leçons, rendues facilement attrayantes, deviendraient bientôt des sujets d'amusement pendant les récréations et les promenades.

« L'habitude ainsi acquise de se rendre compte des grandeurs, au moyen d'une unité de mesure, empruntée aux mesures usuelles et gravée dans la mémoire, donnerait à l'œil une méthode de jugement et une grande précision dans l'appréciation des proportions et des rapports des objets extérieurs; ce premier apprentissage deviendrait d'une grande utilité dans les différentes professions et industries auxquelles les enfants sont destinés.

« Quant au dessin proprement dit, qui ne sent de quel secours lui serait cette préparation? Son enseignement se trouverait ainsi affranchi, du moins en partie, d'une de ses premières difficultés, et l'on pourrait espérer pour l'avenir des résultats plus sûrs et plus prompts que par le passé. »

Cette note avait déjà été insérée en 1867 dans le *Journal de l'instruction publique*. L'idée qu'elle expose n'a point été accueillie dans sa nouveauté, ainsi qu'il arrive d'ordinaire, mais il est probable qu'elle recevra tôt ou tard son application.

NOTE *D* (de p. 108).

D. L'incohérence des idées est quelquefois telle, lorsqu'il s'agit de l'enseignement du dessin, que l'on a pu, dans ces derniers temps produire l'étrange théorie dont voici le résumé :

Le trait n'existe pas dans la nature. Il est donc absurde d'obliger l'élève dessinateur à border toutes les formes par une ligne noire. Il doit exprimer ces formes comme il les perçoit, c'est-à-dire par leurs lumières et par leurs ombres, et les limiter par les teintes qui leur servent de fond.

Nous ne voyons, en effet, aucun trait noir entourer les objets naturels. Mais ô scrupuleux observateurs de la nature! elle n'a tracé, non plus, aucune grande ligne dans le ciel ni sur la terre. Elle n'a marqué aucun méridien, aucune écliptique, point de tropiques ni d'équateur, et pourtant de quel secours ces lignes supposées n'ont-elles point été pour l'étude des positions, des grandeurs, des mouvements des corps célestes!

Si l'on considère la plupart des connaissances humaines à leur point de départ, on y trouvera presque toujours une hypothèse, une convention, origine et moyen de leurs développements. Quant au dessin, le trait est la fiction de génié qui, seule, l'a rendu possible depuis ses premiers tâtonnements jusqu'à ses plus admirables résultats.

Nous voyons, sans doute, des artistes habiles ou certains élèves intelligents percevoir les aspects des objets, à la fois par la forme extérieure et par le modelé, et faire usage des teintes avant d'avoir poussé très loin la recherche par le trait. Mais ils ne peuvent procéder ainsi que par suite d'un développement avancé de leur conception artistique, résultant en définitive, pour une grande part, de leur éducation, dont le trait a toujours été le premier et indispensable moyen.

NOTE *E* (de p. 108).

E. Je n'ai point déterminé la grandeur que doivent avoir les modèles pour être mis à l'étude. Le professeur reste donc entièrement libre à cet égard. Il n'oubliera pas, cependant, que, pour les commençants, les grandes distances sont les plus difficiles à juger.

Pour suivre toujours le principe des gradations, il commencera par faire faire les copies de dimension égale au modèle, avant de les demander dans une proportion différente.

NOTE *F* (de p. 109).

F. Certaines méthodes prescrivent de faire exécuter, dès le début, les lignes droites et courbes, à main levée, voire même à bras tendu, d'un seul jet, avec décision et hardiesse ; beaucoup de gens du monde approuvent fort ce procédé qui leur paraît tout à fait propre à donner au commençant une manière magistrale.

Mais qu'arrive-t-il dans la pratique? l'élève le mieux doué ne fait jamais que d'une façon très imparfaite cette ligne droite ou cette courbe qu'il doit tracer d'un seul coup, moins en dessinateur qu'en calligraphe. Quel parti doit prendre le professeur? Doit-il se contenter de cet à peu près, doit-il demander une seconde exécution? Mais il n'y a aucune raison pour que ce nouveau tour de force soit mieux réussi que le premier, à moins d'un hasard plus heureux. L'élève a donné ce qu'il sait ou ce qu'il peut, mais il n'a rien appris et ne saurait rien apprendre ainsi. La seule manière pour le professeur d'obtenir une amélioration, un progrès, est d'indiquer ou mieux de faire indiquer par l'élève au moyen de quelques points, les endroits où ses lignes droites ou courbes sont plus ou moins fautives, afin de les corriger, en s'aidant des points indiqués. Mais n'est-ce pas là rentrer dans le procédé que je propose?

La vraie hardiesse, celle que l'on peut admirer chez les grands dessinateurs, ne peut jamais résulter que du sentiment développé par l'étude. La fausse hardiesse, c'est-à-dire l'aplomb dans l'ignorance, est le vice le plus regrettable et le plus dangereux. Il arrête radicalement tout développement et tout progrès. La modestie, la disposition à la recherche naïve sont, au contraire, les qualités les plus précieuses, chez le commençant. Il deviendra plus hardi à mesure qu'il comprendra davantage, qu'il sentira plus vivement, et cette hardiesse-là ne dégénèrera pas en outrecuidance.

NOTE *G* (de p. 110).

G. Il ne peut entrer dans le plan très abrégé, que je me suis tracé, de m'occuper avec quelque détail de l'enseignement du dessin linéaire ou géométrique, dont les méthodes sont d'ailleurs généralement satisfaisantes. Il est cependant nécessaire de dire un mot sur la place qui doit lui être assignée et sur l'utilité qu'il faut lui reconnaître, dans l'ensemble des études artistiques.

Ce dessin régulier et correct tend à développer le sentiment de la rectitude et de la symétrie; il fait acquérir, par l'exercice des instruments, un genre d'habileté très précieux pour l'étude et la pratique de dessin d'architecture et de perspective. Mais il ne faut pas le considérer, ainsi qu'on le fait trop souvent, comme une préparation pour le dessin proprement dit. Loin d'exercer le coup d'œil et l'habileté manuelle, si nécessaires pour le dessin d'imitation, l'usage des instruments : règle, compas, équerre, etc., supprime l'exercice de ces facultés.

Le dessin linéaire et de géométrie doit être étudié simultanément avec le dessin ordinaire, mais à part et dans une juste proportion de temps. Soit, par exemple, une ou deux leçons de dessin linéaire pour quatre ou cinq leçons d'imitation.

Parmi les autres études auxiliaires, que le dessinateur ne doit pas oublier, il faut noter celle du modelage, aussi intéressante qu'instructive et utile.

Plus tard, les élèves devront acquérir quelques connaissances élémentaires de chimie, auxquelles les peintres de notre époque restent trop souvent étrangers.

NOTE *H* (de p. 118).

H. L'interdiction de l'estompe ne concerne que les première études du dessin. Plus tard, les élèves doivent être libres du choix de leurs instruments, puisqu'ils sont appelés, chacun, à se créer une manière de faire personnelle.

NOTE *I* (de p. 120).

I. Dans le courant des études, le professeur pourra, avec une juste mesure, donner une certaine variété aux travaux des élèves, en mettant entre leurs mains quelques modèles d'animaux, d'ornements et de fleurs, mais, sans leur laisser ignorer que ces différents genres ne s'apprennent bien que par des études spéciales d'après nature. Quant au paysage, les copies d'après le dessin ou l'estampe sont, non seulement inutiles, mais nuisibles, parce qu'elles présentent des interprétations personnelles, nécessairement différentes de celles que chaque artiste doit lui-même trouver spontanément.

NOTE *K* (de p. 126).

K. Beaucoup de jeunes gens entrent dans la carrière des arts sans aucune instruction littéraire préalable. Le professeur les engagera de toutes ses forces à réparer, lorsqu'il en est temps encore, une lacune dont l'effet fatal serait de les laisser toujours inférieurs à ce qu'ils auraient pu devenir.

NOTE *L* (de p. 127).

L. On se rend compte bien rarement de toutes les qualités que doit réunir le vrai professeur. Elles sont nombreuses et souvent de haut titre. Cependant, la considération et les avantages accordés à l'homme qui instruit la jeunesse ne sont point, en général, en rapport avec ses services et ses mérites.

On paraît quelquefois surpris de voir, dans l'enseignement artistique en particulier, un si petit nombre de bons professeurs. On devrait plutôt s'étonner que des hommes de valeur aient pu se laisser entraîner par la force de la vocation dans une carrière aussi ingrate, aussi mal appréciée. Un professeur de dessin, par exemple, s'il se livre tout entier à son enseignement, et lui sacrifie jusqu'à son désir de produire, est regardé presque toujours comme un artiste avorté, sorte de *fruit sec de l'art*. L'estime accordée à celui qui enseigne est mesurée à ses succès en dehors de l'enseignement ; on demandera à un jeune professeur s'il sait dessiner une figure, mais nullement s'il sait démontrer. Toutes ces opinions fausses et injustes sont bien propres à rebuter les hommes les mieux qualifiés pour le professorat ; elles ont, comme il est si ordinaire dans les erreurs de jugement, pour première cause une confusion de langage qui a entraîné celle des idées. On confond, en effet, presque toujours les mots *maître* et *professeur*, ainsi que les idées qu'ils expriment. La distinction est pourtant des plus simples :

Les maîtres de l'art enseignent par leurs œuvres. Les professeurs par la parole et la méthode.

Raphaël, ce maître grand entre tous, exerce et exercera sans doute toujours, par ses ouvrages, une influence magistrale. Toujours ses chefs-d'œuvre seront consultés, étudiés et donneront à tous les plus hautes leçons. Mais Raphaël était-il professeur dans l'acception réelle du mot? S'occupait-il, avec un soin attentif, assidu, d'instruire, de former des élèves en vertu de principes réfléchis? Il est difficile de le croire, si on songe aux préoccupations qui devaient absorber ce grand esprit, ainsi qu'au temps si court mesuré à sa merveilleuse fécondité.

Selon toute probabilité, Raphaël accueillait les jeunes gens, qu'attirait le prestige de ses œuvres et de sa gloire, avec la grâce et l'aménité de sa nature d'élite. Placé, par son génie, à des hauteurs sereines et inaccessibles, il n'avait, sans doute, nulle pensée, nul besoin de mesquins mystères. Tous pouvaient le voir et le suivre dans toutes les phases de sa splendide production, plusieurs même y participaient.

Certes, c'était bien là l'enseignement tel qu'il est conçu, ambitionné par le plus grand nombre. Et pourtant, l'école de Raphaëel, comme celles de la plupart des artistes très illustres, absorbée dans l'admiration du maître, a manqué de virtualité propre, de puissance d'initiative; Jules Romain lui-même, malgré son admirable organisation, n'a été qu'un brillant reflet.

Il y a entre le professeur et l'artiste exécutant un point de différence fondamental. L'artiste peut être exclusif, injuste dans ses opinions. Il peut, il doit croire posséder seul la vérité de l'art. Il y a là souvent pour lui une conviction passionnée qui fait sa force. Mais qu'on essaie de donner, par la pensée, au professeur, ce genre de force et de passion, et l'on comprendra combien rapidement le jeune élève, dominé, subjugué, perdra tous les caractères, toutes les délicatesses de sa nature; peut-être pourra-t-il acquérir du talent, mais ce sera le talent de son maître.

Le véritable professeur doit écarter de ses jugements l'esprit systématique. Loin de paraître s'attacher exclusivement à une seule conception de l'art, il lui faut comprendre toutes celles qui se sont déjà produites, et accueillir chez ses élèves tous les nouveaux modes d'expression qui peuvent se produire encore; surtout il ne leur proposera jamais son propre exemple; car PLUS IL SAURA PARAITRE IMPERSONNEL, MIEUX IL ASSURERA LEUR PERSONNALITÉ.

Que l'on comprenne donc ce que la fonction du professeur exige d'abnégation, de dévouement, de savoir, d'élévation dans les idées, et qu'on lui accorde enfin l'estime qu'elle mérite. C'est d'ailleurs l'un des moyens indispensables pour régénérer l'enseignement et, par suite, l'art lui-même.

NOTE *M* (de p. 128).

M. Il peut être utile de donner ici quelques connaissances des divisions et des proportions du corps humain, telles que *Jean Cousin* ou *Gérard Audran* les ont mesurées sur les beaux types de l'antiquité ; mais il ne faudrait pas s'exagérer les avantages immédiats que les jeunes dessinateurs peuvent en retirer. Les sculpteurs, sans devoir abuser non plus de ces mesures convenues qui les entraîneraient peut-être à la monotonie, peuvent cependant en faire usage, parce qu'ils conçoivent en géométral, et consultent surtout le profil qui peut être mesuré exactement. Quant au dessinateur, toute forme, toute grandeur se présentant toujours à lui en perspective, les mesures lui sont absolument impossibles. Il peut cependant se mettre dans la mémoire des types de proportion, et s'en servir d'une manière générale et approximative, en tenant compte autant que possible de l'effet des raccourcis.

NOTE *N* (de p. 130).

N. L'école classique a beaucoup exalté le beau, mais elle l'a trop présenté, dans son enseignement, comme ayant trouvé dans le passé son expression absolue et définitive. La beauté n'est pas exclusivement grecque ou romaine. Tous les aspects de la nature, même les plus vulgaires, comportent toujours une certaine beauté qui leur est propre. Le rôle de l'artiste est de trouver et de faire comprendre la belle acception des aspects de tout ordre, de dégager les caractères dominants, le sens artistique des choses, et d'en accentuer l'expression.

Cette interprétation, étant essentiellement personnelle, ne peut ressembler à aucune autre ; c'est là le caractère de la véritable originalité. Or, il importe de le bien établir sans craindre de se répéter : on n'est nullement original en cherchant résolument l'étrangeté ou la laideur. On croit, quelquefois, affirmer ainsi sa liberté personnelle et prouver son affranchissement de toute tradition. Mais, qu'on le sache bien, en ne procédant pas spontanément de soi-même, on accepte, on subit un joug étranger, souvent celui d'une mode éphémère ou d'une ambition stérile en quête de succès à tout prix.

NOTE *O* (de p. 130).

O. Après l'étude de l'anatomie de l'homme, les élèves passeront à celle des animaux, particulièrement à celle du cheval qu'il importe d'apprendre à dessiner d'après nature, avec la connaissance de sa construction.

NOTE *P* (de p. 135).

P. Les reproductions de souvenir des impressions éprouvées seraient éminemment favorables, pour faire subir des épreuves concluantes sur les dispositions artistiques d'un élève. La constatation sur ce sujet est souvent fort difficile dans les conditions actuelles des études. Que prouvent, en effet, la plupart du temps une figure même bien faite et une esquisse convenable? Ces résultats peuvent être obtenus avec une organisation médiocre, à force de persévérance à imiter des élèves plus habiles ou des types convenus. Nous voyons d'ailleurs bien souvent les plus brillants débuts de ce genre aboutir à des talents insignifiants et banals.

Mais dans la reproduction, de mémoire, d'observations toutes personnelles, le jeune homme se manifeste nécessairement tout entier. Il fait voir ce que la nature lui a inspiré, ce qu'il est porté à y choisir, sa manière plus ou moins élevée et habile de l'interpréter; il montre quelle émotion il en éprouve et s'il sait communiquer cette émotion. Il fait donc là ses preuves d'artistes en toute réalité.

NOTE *Q* (de p. 138).

Q. Le professeur et les élèves consulteront avec fruit l'ouvrage de M. Chevreul, membre de l'Institut, sur les contrastes et les harmonies des couleurs. Ils y trouveront de très intéressantes et très instructives observations, dont plusieurs pourraient être utilement fixées dans la mémoire.

NOTE *R* (de p. 151).

R. C'est à dessein que nous ne sommes entrés dans aucun détail d'enseignement relatif aux compositions historiques ou de grand style qui terminent les travaux du cinquième degré. Si l'on proposait ici aux élèves, comme on le fait le plus généralement, l'imitation des compositions des grands maîtres, il faudrait déduire de ces types choisis, des règles et des directions pour être transmises par le professeur aux élèves. Mais le but étant de provoquer des conceptions vraiment individuelles, les résultats devront être le plus souvent nouveaux et imprévus. Le professeur peut donc seul apprécier et enseigner, suivant les circonstances sans cesse différentes.

NOTES SUR LES ILLUSTRATIONS.

Les dessins reproduits dans ce volume, grâce à la permission de M. le docteur Rondeau, proviennent des cartons qui appartenaient à Lecoq de Boisbaudran [1]. Ils sont choisis parmi ceux marqués par Lecoq lui-même comme ayant été faits de mémoire. Plusieurs furent exécutés sous la surveillance de la Commission à l'École des Beaux-Arts, et exposés à l'Exposition Internationale de 1867. Par conséquent leur parfaite loyauté est mise hors de doute [2]. Dans un article paru en 1903 dans le journal hebdomadaire anglais « M. A. P. », Alphonse Legros raconte comment il a fait le dessin d'après l'Érasme de Holbein reproduit dans ce volume.

« La méthode d'enseignement de Lecoq était tout à fait particulière et son influence est visible dans l'œuvre de tous ses élèves. Il cultivait chez nous la faculté de se rappeler les tableaux; dans ce but il nous poussait à exercer notre observation à l'extrême, en nous habituant à *saisir les points essentiels de toute chose*. Souvent il nous envoya étudier la nature, mais plus souvent au Louvre, où nous faisions des dessins d'après les tableaux, qu'il fallait repéter de mémoire à l'École.

Un jour qu'il m'avait envoyé dessiner le portrait d'Erasme mon carton était si grand et embarrassant que je ne réussis pas à le faire tenir debout et renonçai à mon intention. Tout de même je ne m'agitai pas, et résolus d'apprendre le sujet par cœur et d'essayer malgré tout de le faire à l'École.

Je calculai les distances exactes entre les différents points, je fixai les traits les plus caractéristiques dans ma mémoire puis les traits secondaires, assez faciles une fois les plus importants bien établis.

1. Cette collection se trouve à l'École des Arts Décoratifs (voir page 12).
2. Voir p. 98.

Et de cette façon j'appris à disséquer et reconstruire ce chef-d'œuvre. De retour, Lecoq m'a demandé de lui faire voir mon dessin. « Je ne l'ai pas fait », répondis-je ; et remarquant son étonnement j'ajoutai « je le ferai maintenant ». Le professeur mécontent et incrédule s'en alla, et je m'appliquai patiemment à ma tâche, me rappelant et organisant dans ma tête toutes mes observations, et recréant dans la vision intérieure tous les traits de ce chef-d'œuvre si émouvant.

Quand Lecoq revint, le dessin était bien avancé. Il en parut content, s'assit à côté de moi, et me regarda travailler. Dès ce jour Lecoq s'intéressa spécialement à moi, et me fit entrer dans sa classe particulière. Vous voyez quelle influence a eue ce tableau d'Érasme sur ma carrière ! »

Peu avant sa mort, en parlant de ce dessin, Legros me dit : « je peux le reconstruire de mémoire encore, » et ajouta que « ce dessin lui avait appris tout son art ».

Ces dessins ne sont pas donnés pour des chefs-d'œuvre définitifs, mais simplement comme spécimens de travail scolaire.

Sauf le n° XV, ils sont de deux espèces, les uns d'après des œuvres d'art, les autres d'après nature. Les premiers sont des essais préparatoires, en vue des autres, qui montrent le degré de développement de la faculté de dessiner de mémoire des impressions personnelles. Par un tel entraînement l'artiste arrive à retenir les perceptions visuelles toujours plus profondes qu'il reçoit de la nature à mesure que sa personnalité se développe et mûrit. Le n° XV, décrit par Lecoq, comme « Composition après observations faites sur le modèle vivant » est un exercice un peu différent[1]. C'est l'application par l'élève dans un but artistique, de ses impressions de la nature et du savoir acquis, pendant la semaine, par l'étude du modèle. Comme les dessins n°s II, XII et XV sont du même élève, il est d'autant plus curieux de constater à quel point ils diffèrent de caractère selon leur but.

Le lecteur n'aura pas oublié avec quelle insistance Lecoq déclare que l'exactitude est la seule condition de tout vrai progrès, et que pour arrêter toute tendance à dessiner de « chic », il importe que le dessin de mémoire soit aussi exact qu'un dessin fait d'après le modèle. Ce fut une des raisons qui le conduisirent à obliger ses

1. Voir p. 134 et p. 145.

élèves à rendre de mémoire des tableaux, statues, dessins, parce qu'un tel travail permet de vérifier la fidélité de l'imitation.

Quant à dire que ces exercices nuisent à l'originalité, pourquoi cet inconvénient est-il plus à craindre dans les arts plastiques que dans les autres arts ? Fut-il jamais poète ni musicien qui ne sût par cœur des passages innombrables, et même des compositions entières des autres? Le danger consiste dans cette espèce de demi-mémoire, qui nous laisse prendre des réminiscences pour des inspirations.

Les dessins numérotés II, IV, VI, VIII et IX indiquent suffisamment le degré d'exactitude qu'il exigeait. On a mis en regard les reproductions des originaux, pour qu'on soit à même de constater la fidélité des copies. Chose impossible dans les dessins d'après nature; mais les « impressions directes de la nature ont certains caractères de vérité ingénue auxquels on ne saurait se tromper ». Ces caractères n'apparaissent-ils pas nettement dans ces dessins ? Exécutés par de jeunes élèves[1], exclusivement de mémoire, sans aucun croquis ou note pour les aider, ils indiquent un pouvoir de saisir l'impression générale d'une scène, de mettre l'accent juste sur le caractère et le mouvement essentiels, assez rare même chez les artistes mûrs. Les fautes qui s'y trouvent de proportion ou de construction, sont chose aisée à corriger d'après le modèle.

Tous ces dessins d'après nature et d'après les tableaux révèlent au plus haut point la qualité que Lecoq dit être l'objet de l'éducation de la mémoire pittoresque, la capacité de voir avec netteté les objets absents.

On a dit que les dessins de ce genre pourraient être obtenus par un procédé de mémorisation, c'est-à-dire par un moyen mécanique de repérer les positions et les valeurs. On est allé jusqu'à reprocher à Lecoq d'avoir confondu cette mémorisation mécanique avec la mémoire artistique. Accusation bizarre, car il dit avec précision que « voir l'objet absent est le but essentiel auquel doivent tendre *tous les genres d'exercices* », et que les méthodes conscientes deviennent moins nécessaires quand l'exercice a développé complètement la faculté de voir l'objet absent ; car, alors, les dimensions, les positions, les formes, le modelé et les couleurs sont appréciés par ce que l'on pourrait appeler la vue intérieure de la mémoire, presque comme le ferait la vue ordinaire, sans le secours de calculs et de raisonnements

1. Le dessin n° XIV fut exécuté par un garçon de seize ans.

préalables », et encore que de tels exercices développent « la faculté de se représenter non seulement les choses que l'on a vues, mais encore celles auxquelles on pense, ou que l'on invente ».

La vision intérieure est donc son but. Quoi de plus clair ?

Quant aux méthodes d'observer qu'il propose, elles ne sont que l'application au travail de mémoire des méthodes traditionnelles du dessin d'après le modèle, enseignées dans toute académie, employées par tout artiste arrêté par une difficulté de dessin. Le récit de M. Way[1] sur la façon dont Whistler apprenait ses Nocturnes fait sentir combien peu de tels procédés produisent un résultat mécanique.

Legros dit, en effet, que quand il étudiait l'Erasme, il calculait les distances exactes entre les points de repère différents ; mais cela implique-t-il qu'il n'ait pas vu le tableau intérieurement ? N'indique-t-il pas tout simplement qu'il analysait les relations des points les plus essentiels afin de les mieux saisir ? Comme a dit un artiste français remarquable par la faculté exceptionnelle qu'il avait de travailler de mémoire : « En toute chose pour se rappeler il faut d'abord comprendre, si l'on ne veut pas être un perroquet. Pour se rappeler ce qu'on voit, il faut voir avec compréhension. Il ne suffit pas d'ouvrir les yeux tous grands, il faut un acte du cerveau[2] ».

En effet, produire de mémoire des dessins tels que l'Erasme et le Discobole de Legros, et le Titien de Bellenger, avec des détails si nombreux et précis, autrement que par la vision intérieure, équivaut à dessiner une figure humaine en raccourci selon les données de la stricte perspective — chose possible en théorie, et pratiquement impossible.

1. Voir App. IV, p. 64.

2. *Personal recollections of* J.-F. Millet, par Edward Wheelwright, parues dans le *Atlantic Monthly*, septembre 1876.

INDEX ALPHABÉTIQUE

E

F

G

H

I

J

L

M

TABLE DES ILLUSTRATIONS

PLACÉES EN FIN DU VOLUME

Ces dessins remplissent une feuille de papier Ingres, environ 60 *cent.* × 48 *cent.*

TABLE DES MATIÈRES

ÉVREUX, IMPRIMERIE CH. HERISSEY

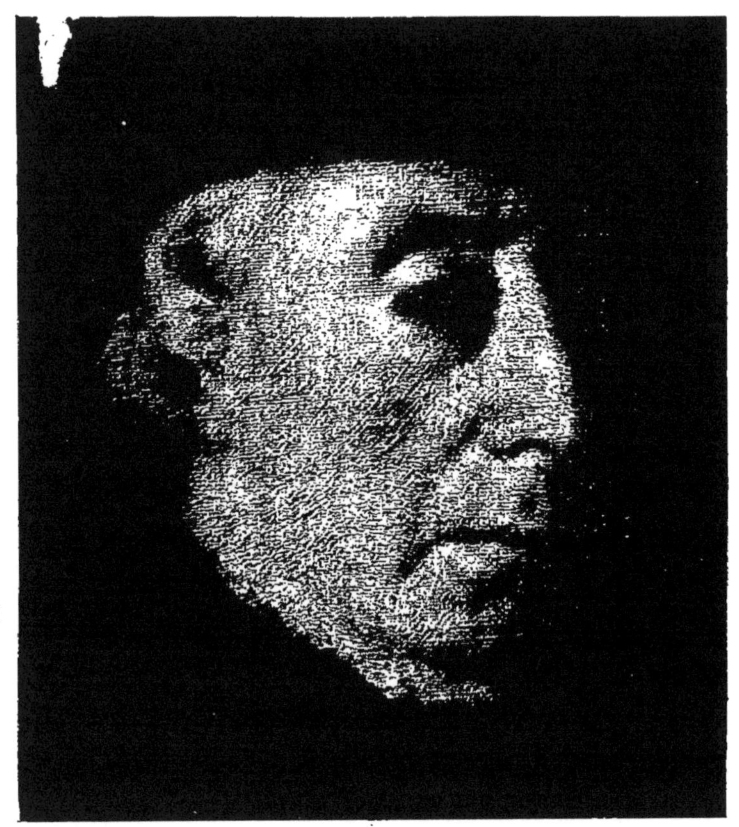

Portrait de H. Lecoq de Boisbaudran, par lui-même.

Pl. II.

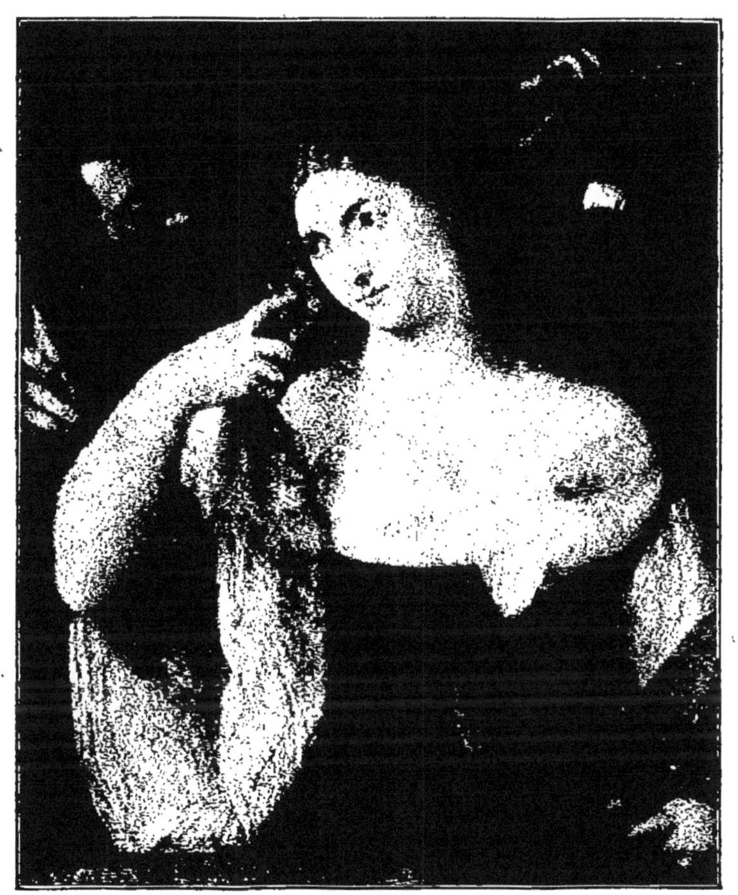

Dessin de mémoire, par G. Bellenger.

(D'après la Laura di Dianti de Titien.)

Exécuté sous une surveillance organisée à l'Ecole des Beaux-Arts.

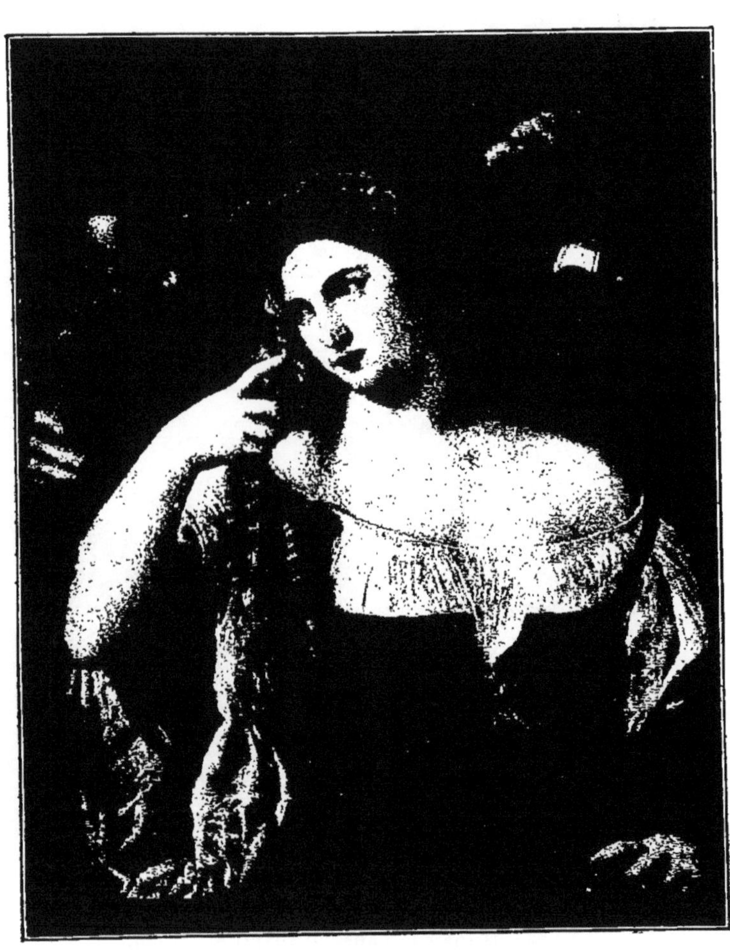

La Laura di Dianti de Titien.
(D'après l'original du Louvre.)

Pl. IV.

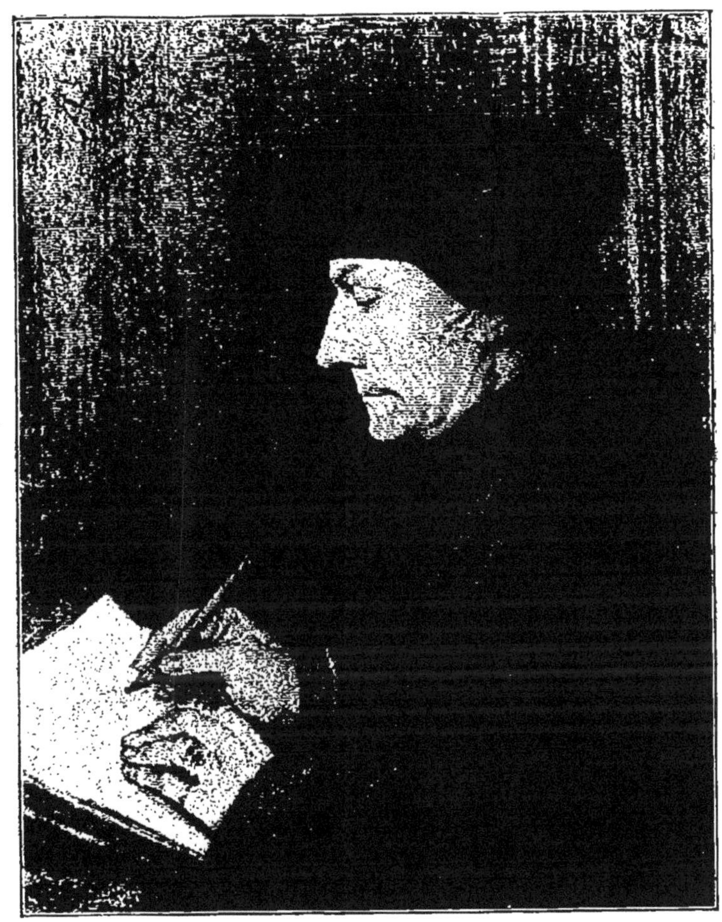

Dessin de mémoire, par A. Legros.
(D'après l'Érasme de Holbein.)

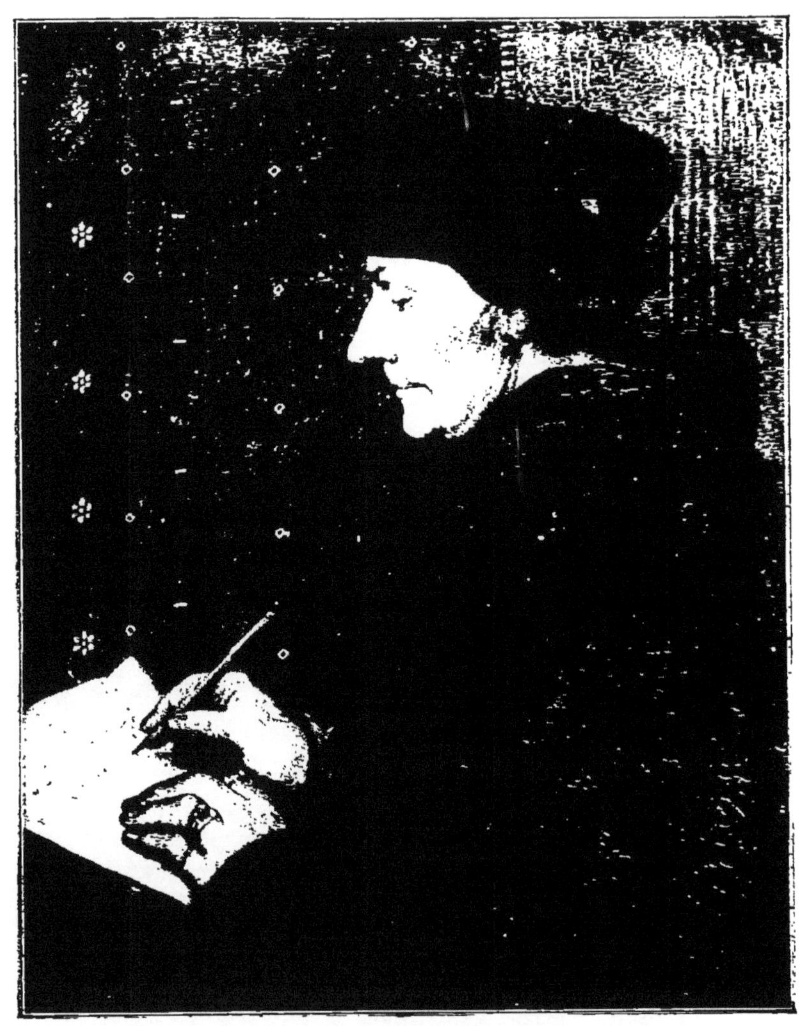

L'ERASME DE HOLBEIN.
(D'après l'original du Louvre)

Pl. VI.

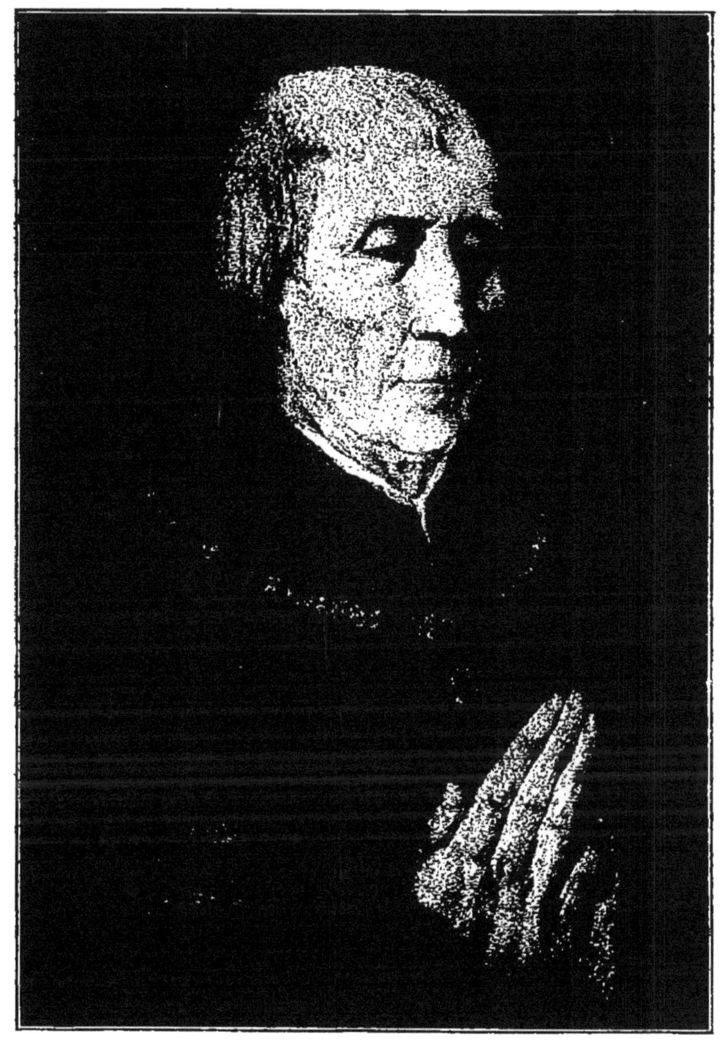

Dessin de mémoire, par J. Valnay.
(D'après le portrait de Guillaume de Montmorency)

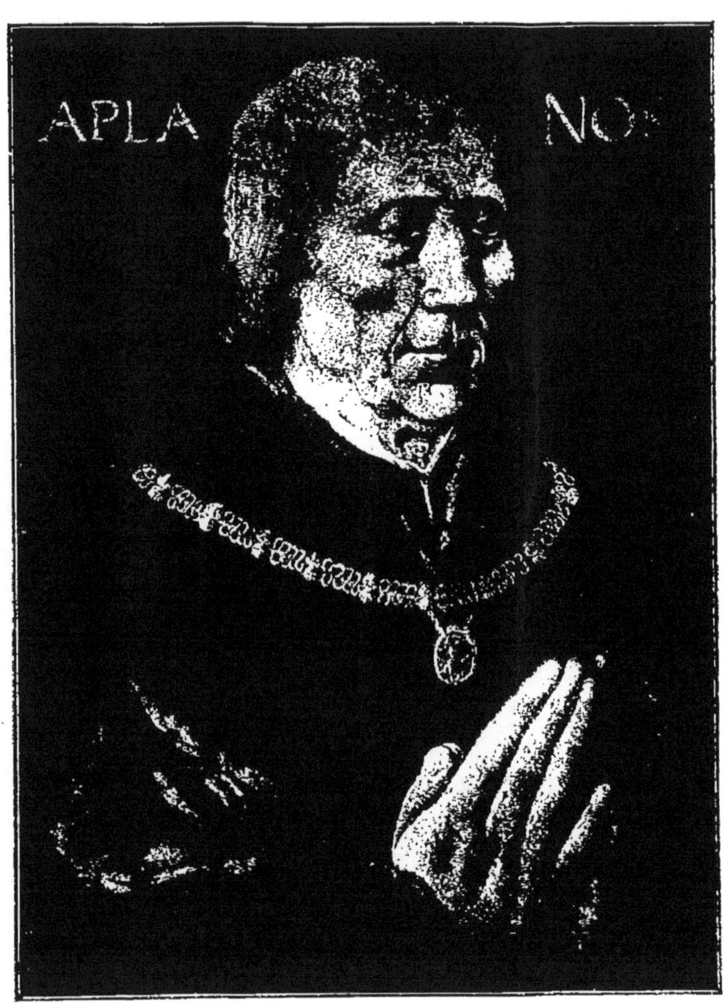

Guillaume de Montmorency.
(D'après l'original du Louvre.)

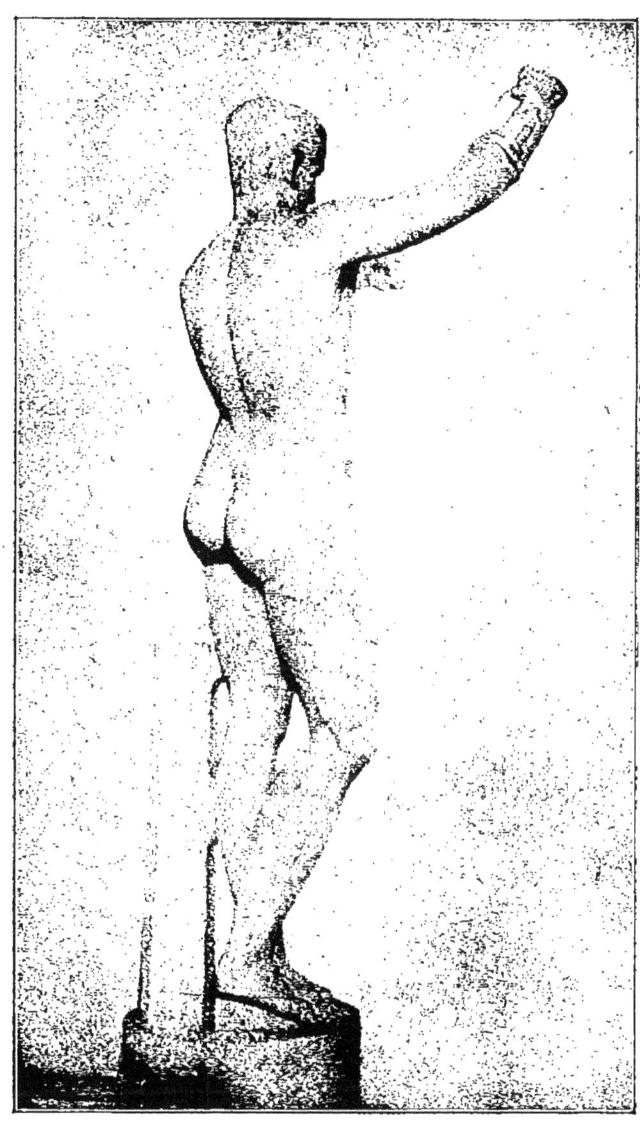

Dessin de mémoire, par Chapron.
(D'après l'antique.)

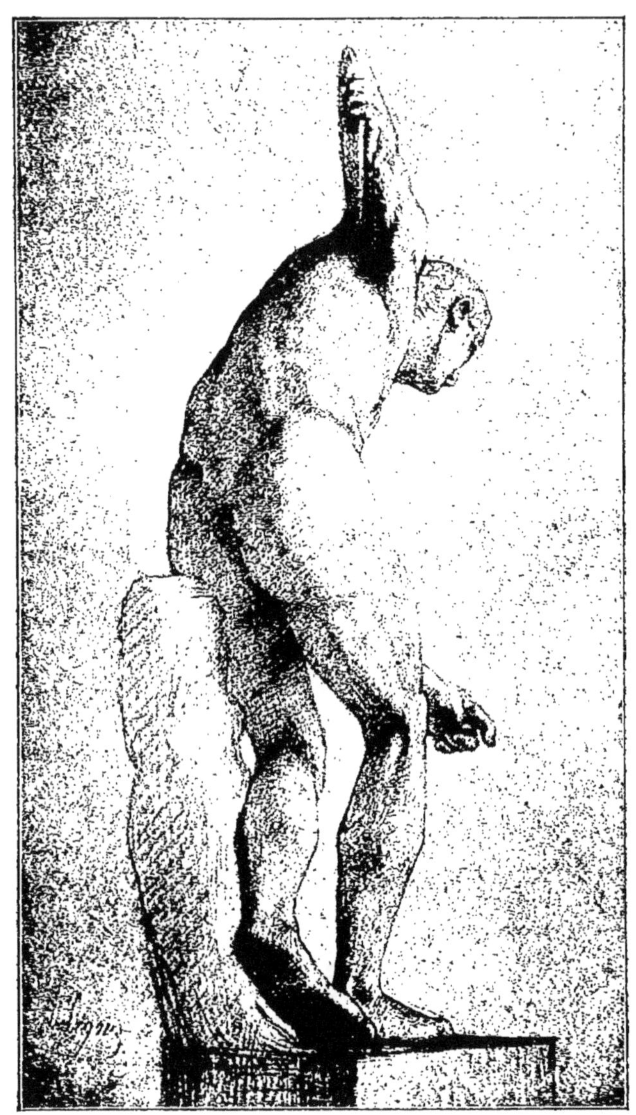

Dessin de mémoire, par A. Legros.
(D'après l'antique.)

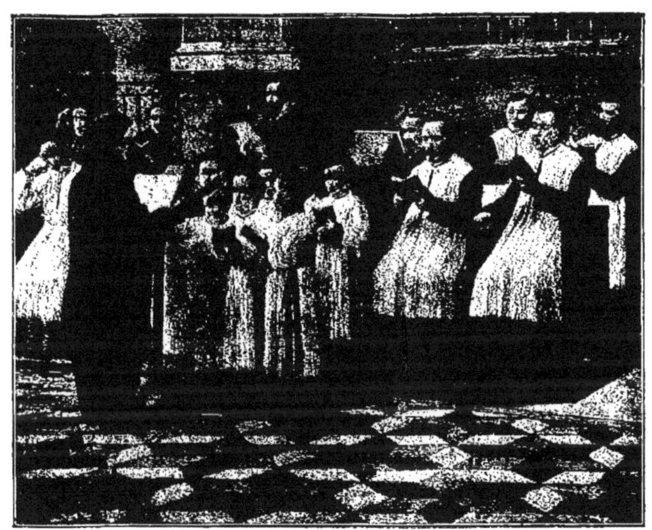

Une maitrise.
(Dessin de mémoire d'après nature, par L. Lhermitte.)
Exécuté sous une surveillance organisée à l'École des Beaux-Arts.

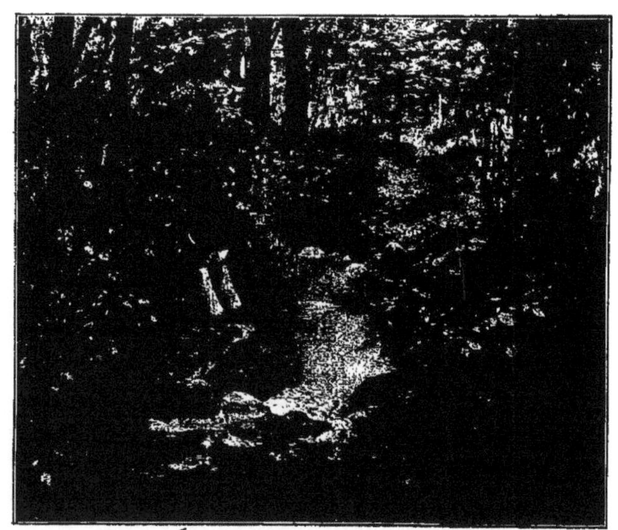

Au bois de Boulogne.
(Dessin de mémoire d'après nature, par L. Lhermitte.)
Exécuté sous une surveillance organisée à l'Ecole des Beaux-Arts.

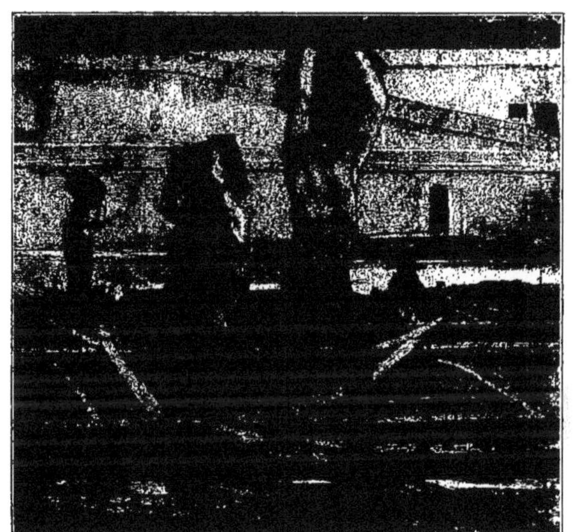

Débardeurs sur la Seine.
(Dessin de mémoire d'après nature, par G. Bellenger.)
Exécuté sous une surveillance organisée à l'Ecole des Beaux-Arts.

PL. XIII.

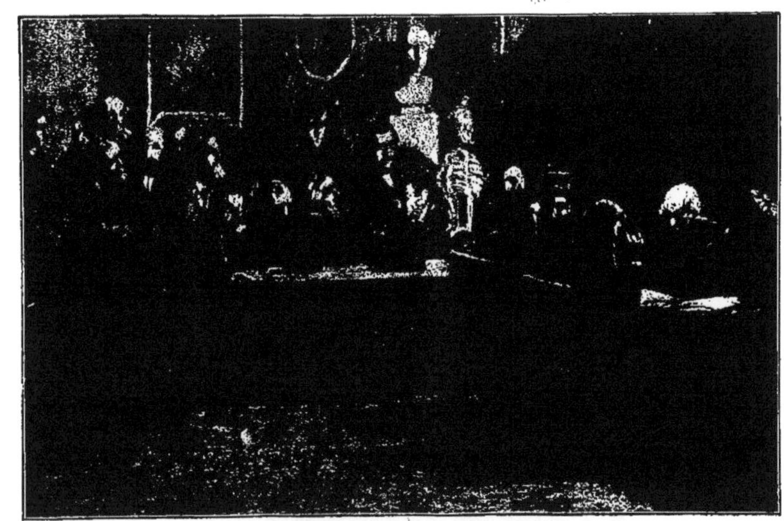

UN EXAMEN A L'ÉCOLE DE MÉDECINE.
(Dessin de mémoire d'après nature, par J.-C. Cazin.)
Exécuté sous une surveillance organisée à l'Ecole des Beaux-Arts.

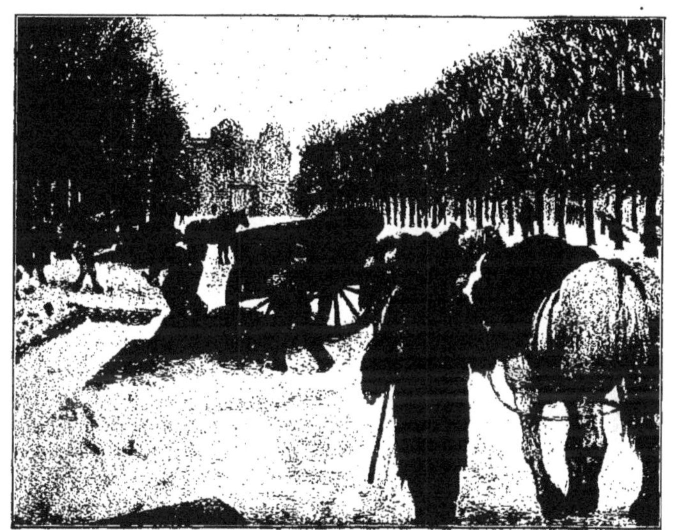

Avenue de l'Observatoire.
(Dessin de mémoire d'après nature, par Frédéric Regamey.)
Exécuté sous une surveillance organisée à l'Ecole des Beaux-Arts.

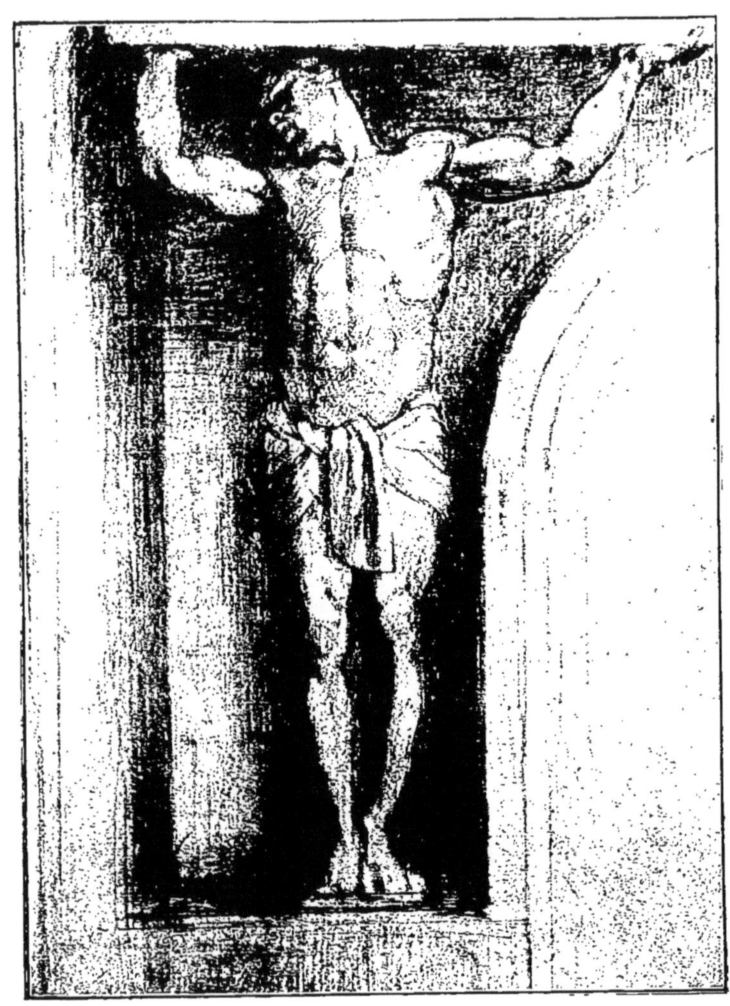

Dessin, par G. Bellenger.
(Composition « après observation faite » sur le modèle vivant.)

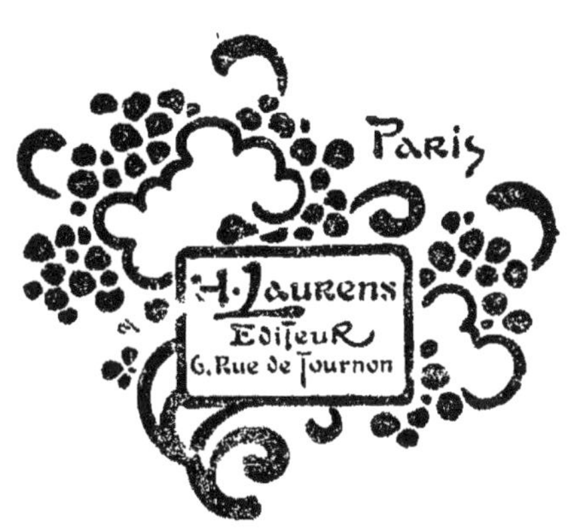
PARIS
H. LAURENS
EDITEUR
6, Rue de Tournon

www.ingramcontent.com/pod-product-compliance
Ingram Content Group UK Ltd.
Pitfield, Milton Keynes, MK11 3LW, UK
UKHW020142220726
13923UKWH00001B/325

9 782329 068459